SUCCESS ATTITUDE
석세스 애티튜드

SUCCESS

4차원 경영 석세스 애티튜드

ATTITUDE

이병구 지음

한국경제신문 *i*

사람의 인생을 결정짓는 것은 '생각과 행동'이다.
생각은 자신과 세상을 규정하고,
무엇을 어떻게 해나갈지를 판단하고 결정한다.
행동은 생각을 구체적인 현실에 적용시킨다.

무슨 생각을 하고 어떤 행동을 하느냐
바로 이것이 우리 인생의 성공과 실패를 좌우한다.

기업도 마찬가지다.
기업의 운명을 결정짓는 것은 '가치관과 생활양식'이다.
가치관은 기업의 정체성을 규정하고,
경영자와 직원이 무엇을 어떻게 해나갈지를
판단하고 결정하는 기준이 된다.
생활양식은 매일 직장생활에서 어떤 방식으로 말하고,
어떻게 일을 해나갈지를 결정한다.

기업의 가치관은 무엇이며,
어떤 생활양식을 가지고 있느냐
바로 이것이 기업의 운명과 미래를 좌우한다.

CONTENTS

SUCCESS ATTITUDE 04

직원을 움직이는 따뜻한 한마디
4차원 경영의 도구, 말

SUCCESS ATTITUDE 05

일하는 방식을 바꾸면 결과가 달라진다
4차원 경영의 실천, 일

CEO NOTE

PROLOGUE

보이지 않는 것이 성과를 좌우한다.

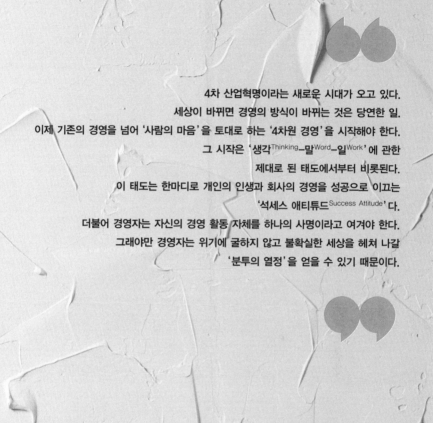

4차 산업혁명이라는 새로운 시대가 오고 있다.
세상이 바뀌면 경영의 방식이 바뀌는 것은 당연한 일.
이제 기존의 경영을 넘어 '사람의 마음'을 토대로 하는 '4차원 경영'을 시작해야 한다.
그 시작은 '생각Thinking_말Word_일Work'에 관한
제대로 된 태도에서부터 비롯된다.
이 태도는 한마디로 개인의 인생과 회사의 경영을 성공으로 이끄는
'석세스 애티튜드Success Attitude'다.
더불어 경영자는 자신의 경영 활동 자체를 하나의 사명이라고 여겨야 한다.
그래야만 경영자는 위기에 굴하지 않고 불확실한 세상을 헤쳐 나갈
'분투의 열정'을 얻을 수 있기 때문이다.

2016년 세계경제포럼에서 4차 산업혁명을 화두로 던지면서 이후 유행어처럼 번지기 시작했다. 인공지능, 로봇기술, 사물인터넷 등으로 대변되는 4차 산업혁명은 이미 우리에게 닥친 미래다. 많은 사람이 일단 기계화에 밀리게 될 '인간의 일자리 미래'를 걱정하기 바쁘다. 현재 직업의 절반 이상이 사라질 것이고, 인간은 할 일이 없어지고, 많은 실업자가 양산될 것이며, 나아가 기계가 인간을 지배할 수도 있다고 우려한다.

나는 4차 산업혁명이 인간의 위상과 역할을 '사라지게' 만드는 것이 아니라 '달라지게' 만들 것이라고 본다. 이제 인간은 힘들고, 위험한 일에서 해방돼 과거보다 훨씬 더 삶을 즐기고 행복을 추구하며 기쁨으로 가득 찬 인생을 지향할 것이다. 고된 노동에서 어느 정도 멀어지면서 인간은 더 늘어난 여유 시간과 열정, 그리고 도전의식 등을 온전히 자신과 인간관계 향상을 위해 쓰며 살 수 있다는 이야기다.

지금껏 없었던 상상할 수 없는 변화를 앞두고 우리가 주목해야 할 점이 있다. 이제 '보이는 것'보다는 '보이지 않는 것'이 더욱 중요해진다는 사실이다. 눈에 보이는 많은 것들, 즉 운전을 하거나 음식을 만드는 것, 물건을 생산하고 심지어 쓰레기를 치우는 것조차 모두 기계와 로봇이 대체한다. 인간은 그런 일에 많은 신경을 쓸 필요가 없어진다. 대신 인간은 눈에 보이지 않는 가치, 철학, 신앙, 행복, 사랑에 더 많은 관심을 집중하게 되고 그것을 추구하며 살게 될 것이다. 4차 산업혁명은 여러 각도에서 조명이 가능하지만, 이렇게 '눈에 보이는 것 vs. 눈에 보이지 않는 것'이라는 프레임을 통해서도 해석이 가능하다.

사람 중심의
4차원 경영

고여 있는 물은 썩기 마련이듯 현실에 안주해서는 지속가능한 기업이 될 수 없다. 경영 방식 또한 시대 변화에 부응해야 생존이 가능하다. 목화밭에서 노예들에게 노동을 시킬 때 가장 중요한 수단은 채찍과 빵이었다. 하지만 '자동차의 왕'이라고 불리는 헨리 포드^{Henry Ford}가 컨베이어 벨트를 발명해내자, 그때부터 필요한 것은 채찍이 아니라 매우 정교하게 설계된 생산라인이자 노동자들의 정확한 업무 배치였다. 시대가 변하고, 기술이 발전하면서 경영의 수단과 방법이 완전히 달라진 것이다.

4차 산업혁명이 시작되는 이때 무엇보다 기업은 변화를 읽고 그 속에서 경쟁력을 갖춰야 지속성장이 가능하다. 경쟁력이란 경쟁사보다 더 적은 자원을 투입해 더 좋은 제품과 서비스를 제공할 수 있는 능력을 말한다. 경쟁력은 차별화된 독특한 기술력, 기술을 효율적으로 실현하는 능력, Top-Tier 고객확보 능력, 재무건전성, 업무를 수행하는 조직 구성원의 능력과 같은 5가지를 통해 확보할 수 있다. 그러나 5가지를 확보하는 데는 한계가 있으며 특히 미래에 대한 불안과 염려 같은 심한 스트레스가 큰 장애요인이 된다. 한계를 뛰어넘기 위해서는 사람을 움직이는 '마음'을 잘 다뤄야 한다. 마음이야말로 실제 과거 경영의 틀에서 벗어나 새로운 진화를 추동하는 원동력이기 때문이다. 4차 산업혁명 시대에는 '보이지 않는 것'이 더욱 중요하다고 했다. 바로 이 보이지 않는 것, 즉 인간의 마음이 더해져야 한다.

나는 이를 '4차원 경영'이라고 부른다.

사람의 마음은 그 어떤 것으로 대체될 수 없으며, 사람의 모든 행동을 결정한다. 타인에게 존중받고 행복한 마음으로 가득한 사람은 최적의 생산성을 발휘할 수 있다. 시키지 않아도 스스로 창의적이 되기 위해 노력한다. 스스로 비전과 목표를 설정하고, 주변 동료들과 협력하며 모두가 행복한 직장을 만들기 위해 최선을 다한다. 이러한 직원은 어떤 로봇과 인공지능도 하지 못하는 위대한 결과를 만들어낼 수 있다. 4차원 경영은 바로 이렇게 '사람의 마음'을 통해 새로운 미래를 일구는 경영 방식이다.

30여 년간 기업을 경영하며 내가 중요시한 것은 '지속가능성'이었다. 지속가능한 장수기업은 창조, 혁신, 재미, 기쁨과 행복이 일어나는 일터가 만들어질 때 가능하다. 구성원들이 심적으로 평화로울 때 경제적 성과도 따라온다. 이제까지의 3차원 경영 방식은 사람의 마음을 배려하지 않고 다그치고 압박하는 식이었다. 스트레스가 넘쳐나는 경영이다. 반면 사람의 마음을 존중하고 배려하는 새로운 4차원 경영은 환경과 운명을 다스리면서 미래를 향해 비상하는 행복한 경영이라고 생각한다.

사람의 마음을 움직이는
생각, 말, 일

4차원 경영은 기존의 일방적 경영 방식에서 혁신적 변화를 꾀한다. 그것은 곧 '생각^{Thinking}-말^{Word}-일^{Work}' 이라는 3가지로, 사람의 마음을 움직이는 데 힘쓰는 것이다.

우선 '생각'이라는 것은 4차원 경영의 핵심 출발점이다. 생각은 우리가 무엇을 보고, 무엇을 듣느냐에 따라 형성되는 가치관 또는 정체성이라고 할 수 있다. 개인의 삶이든 또는 회사 경영이든, '무엇을 어떻게 생각하느냐'에 따라 성공의 향배가 결정된다. 꿈과 비전, 믿음이 결합돼 만들어진 생각은 새로운 경영을 위한 위대한 출발점이다. 구성원들이 긍정적 생각, 사랑의 생각, 창조적 생각을 할 수 있게 회사의 정체성과 가치관을 바로 세워 공유하는 것이 매우 중요하다고 생각한다.

'말'도 4차원 경영에서 핵심 가운데 하나다. 말은 우리를 둘러싼 환경을 바꾸는 강력한 힘이 있다. 말은 그 자체로 마음과 생각을 바꾸는 수단이다. 불안을 부추길 수도, 평화를 불러올 수도 있다. 말의 힘은 너무 커서 어떻게 제어하느냐에 따라 자신이 처한 환경을 보다 좋게 바꿀 수 있다. 과거에 내가 말한 결과가 현재의 나의 모습이며, 현재 내가 하는 말이 미래의 나의 모습을 결정한다.

말은 직장에서도 매우 중요하다. 회사 내에서 명령어, 상대를 무시하는 폭력적이고 일방적인 말이 많아지면, 직원들은 활기차고 신나게 일할 수 없다. 권위적인 소통 방식이 지배하는 회사의 직원들은 늘 주늪 들어 있고, 그저 시키니까 어쩔 수 없이 일을 한다. 당연히 창의적으로 일하는 것은 불가능하다. '회사에서 어떤 말들이 오가는가?'는 곧 '그 회사는 어떤 회사인가?'를 보여준다. 말을 어떻게 다루느냐에 따라서 개인적으로는 '인품'이 결정되고, 조직 차원에서는 '기업문화'와 '성과'가 결정된다.

마지막으로 일터에서 일을 대하는 태도와 일하는 방식이 4차원 경영의 운명을 좌우한다. 3차원 경영에서 일은 불통과 강압적인 분위기에서 어쩔 수 없이 해야만 하는 것, 생계를 위한 수단으로 전락해버렸다. 경제적 보상과 직위를 통해 사회적으로 얼마나 인정받느냐에 일의 의미를 뒀다. 이와 같은 경영 방식으로는 결코 지속적인 성장을 담보할 수 없고 직원들은 행복하게 일할 수 없다. 반면 4차원 경영에서 일은 그 모습과 의미가 완전히 달라진다. 타인의 성공과 사회 발전에 공헌하는 사명감에서 일의 의미를 찾는다. 이때 직원들은 현장에서 최고의 제품을 만들게 되고, 그 과정에서 인생의 승리자가 돼 삶의 기쁨을 누리고, 더 나은 미래를 위한 꿈을 꾸게 된다.

요컨대 '생각-말-일'이라는 3가지 순환 고리는 우리의 삶과 경영 전체를 결정하는 석세스 애티튜드Success Attitude를 만들어낸다. 이러한 석세스 애티튜드의 핵심에 '영성'이 있다. 이것은 절대자를 닮은 인간의 영적인 성품을 뜻한다. 영성은 절대적 선善을 지향하고 모두를 차별 없이 배려하며 사랑으로 온전하게 하는 힘이다. 생각할 때, 말할 때, 일할 때 영성과 함께해야 성공적인 삶, 그리고 4차원 경영이 완성된다.

지금까지 우리는 영성을 외면한 채 생각, 말, 일을 결정함으로써 극도의 스트레스 속에서 성과에만 집착하는 삶을 살아왔다. 영성을 통해 회사는 가치관을, 각 구성원은 소명의식을 가질 때 4차원 경영으로 나아갈 수 있다. 소명의식은 우리가 왜, 무엇 때문에 태어났는지를 아는 일이다. 우리는 각자 세상에서 해야 할 일이 있으며, 그 일을 통해 선한 영향력을 끼쳐야 한다. 경영자는 이러한 인식을 구성원들에게 심어주고, 구성원들은 이런 소명의식을 받아들임으로써 자신이 이 세상에서, 회사에서 어떤 역할을 해야 하는지 알게 된다. 또한 회사가 추구하는 가치를 분명히 해서 그것을 기준점과 좌표로 삼아야 흔들림 없이 전진할 수 있다.

석세스 애티튜드를 이루는 '생각-말-일'은 소명의식과 가치관을 토대로 했을 때 존재 의의가 있다. 소명의식과 회사가 추구하는 가치는 궁극적으로 '생각-말-일'의 방향을 결정하고 그것의 기준이 되기 때문이다.

네패스^{nepes}의 경영 철학은 기본적으로 《성경》의 말씀을 바탕으로 한다. 《성경》은 우리의 잘못을 책망하고, 바르게 하고, 의롭게 교육하는 하나님의 말씀이다. 이는 회사의 정체성과 가치관을 정립하는 데 완벽한 기준이 된다. 많은 회사가 특정한 사상이나 원리 아래 경영 철학을 만든다. 어떤 회사는 이순신 장군이나 세종대왕의 리더십을, 어떤 회사는 공자나 맹자의 말씀을 기초로 경영 철학을 세운다. 무엇을 기준으로 가치관과 정체성을 만드느냐는 직원들의 삶과 직결된다. 무엇을 기초로 했든 확고하고 일관돼야 한다. 구성원들을 행복하게 하고, 이웃 사랑을 실천할 수 있어야 한다. 또한 궁극적으로 회사의 성장을 이끌어내야 한다.

과연 4차원 경영을 회사의 시스템에 도입하면 어떤 변화가 생길까? 신나게 일하는 직원의 모습을 볼 수 있을 것이다. 회사에서 상호 존중하는 말을 들으면서 긍정적인 생각으로 무장하고, 자신의 꿈을 믿고 노력하는 직원 말이다. 이런 직원들이 서로 온 힘을 다해 협력하는 회사는 이미 그 자체로 강력한 경쟁력을 갖추고 지속적으로 성장하게 될 것이다.

지금도 많은 경영자가 '회사가 어렵고 미래가 불투명하다'며 하소연한다. 특히나 불확실성이 높고 저성장 시대에 돌입한 요즘은 더욱더 그 상황이 심각하다. 하지만 언제나 모든 시대는 어려웠고, 모든 회사는 불안했다. 100년 전에도 망하는 회사가 있었고, 사라진 산업이 있었으며, 20년 전에도 망하는 회사가 있었고 사라진 산업이 있었다. 그사이에 또 수많은 기업들이 생겨나고 번창해서 위대한 기업으로 도약하기도 했다. 이는 앞으로도 비슷할 것이다. 경영자가 해야 할 일은 시대를 탓하는 것이 아니라 그 시대를 어떻게 돌파해 나갈지를 고민하고 연구하는 일이다. 더불어 이러한 고민과 연구의 길목에서 4차원 경영이 큰 힘이 될 수 있다고 믿어 의심치 않는다. 또한 4차원 경영은 '경영은 사명이다'라는 사실을 깨닫게 될 것이다. 직원들이 세상에 선한 영향력을 끼치기 위해 태어났다면, 경영자는 경영하기 위해 부름을 받고 태어난 사람이다. 경영을 자신에게 주어진 인생의 사명임을 깨닫는다면, 어떤 어려움도 뚫고 나갈 수 있는 '분투의 열정'을 가질 수 있을 것이다.

마지막으로 이 책이 세상에 나올 수 있게 힘써준 모든 분에게 감사의 인사를 전한다. 특히 네패스가 지속성장하는 생명 기업이 될 수 있게 힘을 모아주신 주주님들과 고객분들, 그리고 네패스의 자부심인 우리 n가족에게 마음을 다해 감사와 사랑을 전하며 모든 분들의 삶이 매일 형통하고 비상할 수 있기를 기도한다.

이병구

SUCCESS ATTITUDE 01

4차원 경영의 근본, **정체성**

{ 회사는
무엇을
하는 곳인가 }

위대한 경영자 중 한 사람으로 평가받는 해럴드 제닌^{Harold Geneen}이 있다. 그는 1960년대 부실기업이던 ITT를 세계적인 복합기업으로 만든 경영의 대가다. 그는 말한다.

"비즈니스는 강물처럼 끊임없이 흐르며 구름처럼 변화무쌍하며 물고기처럼 활기로 가득 차 있다. 때로는 가을 매처럼 드높이 비상했다가 때로는 낙엽처럼 팔랑팔랑 떨어져 황량한 폐허를 이루기도 한다. 필요, 욕망, 탐욕, 만족이 물질적인 보상을 초월한 이타심, 헌신, 희생과 뒤섞이는 신비한 연금술의 과정이 바로 비즈니스다. 비즈니스는 만인의 열망을 충족시키며, 또한 우리 모두의 육체적인 안전과 행복의 원천이기도 하다."

항상 변화무쌍한 비즈니스의 세계에서 어떻게 해야 지속가능할 수 있을까? 4차원 경영은 '정체성'을 새롭게 다지는 데서 출발한다. 정체성이란 곧 '존재의 본질'을 의미하며, 이것을 어떻게 규정하느냐에 따라 모든 현안들을 바라보고 해결하는 관점이 달라진다.

4차원 경영을 도입하기 위해서는 우선 기업 안팎을 둘러싼 많은 것들의 정체성, 존재의 의의부터 새롭게 규정해야 한다. 아무리 많은 혁신 활동을 하고, 수많은 이벤트를 통해서 직원들을 독려한다고 해도, 결국 이 정체성이 새롭게 규정되지 않으면 큰 효과를 보기 힘들다. 그 생각의 뿌리부터 바꿔야 하고, 근원적인 사고의 방향을 뒤집어야 한다. 저 깊은 곳에서의 변화, 정체성의 새로운 정의 없이는 결코 눈에 보이는 현상도 바뀌지 않는 법이다.

우리가 자기 자신을 제대로 깊이 알기 위해 '나는 누구인가'에서 비롯되는 다양한 철학적 질문을 던지듯 회사의 정체성을 찾고 확립하기 위해서는 '직원들은 누구인가', '회사란 무엇인가?', '협력이란 무엇인가', '왜 제품을 만드는가?', '돈이란 무엇인가?' 등의 본질적인 질문을 던져야 한다. 어떻게 보면 너무도 빤한 질문일지도 모르지만 단순해 보일수록 그 안에는 심오하고 깊은 의미가 담겨 있는 법이다.

이제부터 4차원 경영을 위한 핵심 뼈대를 세워보자. 이 정체성을 제대로 규정할 수 있다면, 이제 그 이후의 많은 것들이 순조롭게 회사의 발전을 이끌 것이다.

우리 각자는 소명자로서 태어나
각자 가지고 태어난 능력을
발휘할 수 있을 때
활력 넘치는 삶을 살 수 있다.
그런 개인들이 모인 곳이
바로 회사다.

나는
누구이며

너는
누구인가

오랜 철학적인 질문, '나는 누구인가'를 아는 것은 자기 삶에 철학이 있다는 의미다. 우리는 삶의 곡절마다 '나는 누구인가'라는 근원적 질문에 부딪힌다. 진지하게 고민할수록 우리는 무엇을 위해, 어디로 가야 하고, 어떻게 살아야 하는지에 대한 답을 찾을 수 있다.

수많은 관계가 모여 있는 회사를 경영할 때도 이 질문은 가장 우선시돼야 한다. 나는 누구이며 너는 누구인지에 대한 진지한 성찰을 통해 회사는 무엇을 위해, 어디로 가야 할지, 어떻게 나아가야 할지를 알게 된다.

나는
누구인가

사람은 누구나 목적을 가지고 태어난다. 세상의 부름을 받고 태어난다. 이를 '소명자'라고 부른다. 모든 사물도 만들어진 분명한 목적이 있다. 볼펜은 글씨가 잘 써지도록 그 목적에 맞게 만들어진다. 세탁기, 자동차, 컴퓨터 등 많은 사물들이 그 목적에 최대한 부합되도록 만들어진다. 소명을 인식하는 것은 우리가 삶을 살아가는 데 가장 기초가 되는 중요한 사고思考다. 그런데 우리는 세상으로부터 부름 받은 귀중한 존재라는 사실을 종종 잊는다. 모두가 개별적이고 고유한 존재로서 세상의 부름을 받은 자로 설계되고 창조됐지만 이 사실을 망각한 채 하루하루 정신없이 사느라 바쁘다. 그래서 삶이 고단하고 힘든 것이다.

소명을 다하기 위해 각자는 특별한 재능을 부여받고 태어난다. 그러한 개인들이 모여 협력하면 세상에서 독보적인 걸작품을 만들 수 있으며 혁신과 창조 활동으로 세상을 새롭게 변화시킬 수 있다. 우리 모두에게는 이러한 사명이 있다.

소명자로서 태어난 우리는 가정, 학교, 국가로부터 교육과 훈련을 받으며 재미있는 삶, 영적인 삶을 살도록 준비된다. 또한 공동선을 위한 마음 훈련을 받는다. 감사, 사랑, 겸손, 정직, 절제 같은 마음 훈련은 소명자에게 큰 꿈과 비전을 갖게 하고 영감을 불러일으킨다. 이 과정을 통해 사회에서 쓸모 있는 인재로 성장하고 신뢰, 믿음, 열정, 책임감을 갖게 된다. 풍요롭고 기쁨을 누리는 삶의 주인공이 되는 것이다. 이때 이들이 활동하고 살아나갈 장場이 필요하다. 그곳이 바로 회사다.

너는
누구인가

회사도 사람과 마찬가지로 목적을 가지고 설립된다. 미션과 비전을 설정하고 자금을 투입해서 회사를 세운다. 다만 설립자 혼자 회사의 목적을 달성할 수 없기에 채용을 통해 도움을 받는다. 여기서 다듬어진 사람(인재)과 회사가 만나게 된다. 설립자는 채용을 통해 사람(인재)들에게 일터와 회사를 이해하는 데 필요한 교육과 훈련을 제공하고 생활의 안정을 보장하며 이들에게 일을 위임한다. 각자는 위임받은 일을 수행해 괄목할 만한 수익을 창출해 회사가 사회에 선한 영향력을 행사할 수 있도록 하고, 그렇게 성장한 회사는 고용 창출에 힘써야 한다. 지속성장을 위해 다함께 기업문화를 만들어나가는 데 기여하며 신명나는 일터, 재미나는 일터, 감사하는 일터가 될 수 있도록 가꾼다. 이를 통해 사람은 자신의 능력을 발휘해서 활력과 열정이 넘치는 삶을 살아갈 수 있는 것이다.

회사에는 다양한 '나'가 존재하고 그들이 서로 어우러져 성과를 만들어낸다. '내'가 굉장히 귀중한 사람이라면 나와 같이 일하는 상사, 동료, 부하는 어떠한가? 그 사람들도 나와 마찬가지로 귀중한 사람이다. 그렇다면 회사에서 함께하는 사람들은 어떻게 바라봐야 할까?

01 신뢰와 존중의 대상이다
나의 동반자로서 업신여기거나 비방, 비난하는 행동은 해서는 안 된다.

02 섬김의 대상이다
네패스 사내에서는 '안녕하세요' 대신 '슈퍼스타'라는 인사말을 사용한다.
이는 상대를 존중하고 사랑의 대상으로 섬긴다는 뜻으로 상대의 부족한 점을
내가 채워주겠다는 생각을 가져야 한다.

03 공동체의 일원이다
나와 같은 배를 탄 사람이라는 생각으로 나 혼자만 잘되는 것이 아니라
다 같이 잘될 수 있도록 책임 의식을 가지고 행동해야 한다.

04 협력의 대상이다
네패스가 CoP(Collaboration Project)라는 협업 제도를 운영하고 있는 이유다.
상대방을 뭔가 부족한 사람으로 바라보거나 경쟁의 대상으로 바라본다면
진정으로 협력할 수가 없다. 상대방의 협력을 자연스럽게 얻기 위해
늘 상대방의 관점에서 생각하는 것이 필요하다.

상하 동료를 바라볼 때 상대를 어떤 시각으로 보느냐에 따라 우리가 갖는 기본 생각이 달라지고 상대를 대하는 태도가 달라진다.

위 4가지 관점으로 동료를 바라봄으로써 우리는 시너지를 낼 수 있다. 그래서 내가 누구인지, 상대가 누구인지를 확실하게 인식하는 것은 회사 성장의 첫걸음이다.

회사의 사명은
'돈 버는' 데 있지 않다.
회사의 5가지 기능이
원활하게 선순환을 이루면
지속성장할 수밖에 없다.

회사는 무엇을 하는 곳인가

"어려울 때일수록 '사람'이 움직여야 한다. 여유가 있을 때는 여유 자금을 융통시켜 살아갈 수도 있고, 기회도 많으니 적당히 하면서 살 수 있다. 하지만 불황에는 그럴 여유가 없다. 인재는 어려울 때 더욱 힘을 발휘한다."

일본의 '10년 장기 불황'에 살아남았을 뿐만 아니라 심지어 10배 이상의 성장을 이룬 기업, 일본전산의 사장 시게노부 나가모리永守重信의 말이다.

바야흐로 저성장 시대에 진입한 요즘, 경영자들은 끊임없이 신성장 동력을 찾기 위해 노력을 기울인다. 하지만 그것이 외부에서 찾아지 기는 무척 힘들다. 이미 제품은 포화 상태가 됐고, 기업의 부익부, 빈 익빈 현상으로 인해 '승자독식 현상'이 구체적으로 나타나고 있다. 어 떻게 불황을 이겨낼 것인가? 결국 '사람'에게서 찾을 수밖에 없다. 과 거에는 공장과 기계를 많이 가지고 있는 사람이 부자였지만, 지금은 인재를 가지고 있는 사람이 부자이며, 더욱 성공적인 경영을 해나갈 가능성이 높다. 세계적인 기업인 애플과 나이키는 자체 공장이 없지만, 창의적인 인재를 통해서 그 어떤 기업보다 뛰어난 수익률을 자랑하고 있다.▨ 고용 창출이란 기업의 사명이기도 하지만, 성공의 밑거름이 되기도 한다는 이야기다.

회사의 목적은
고용 창출에 있다

흔히 국가는 '국민과 국토, 주권'으로 구성돼 있다고 말한다. 물론 이것은 국가에 대한 기본적인 개념 정의이지만, 여기에서 뭔가 허전한 것을 발견하지 않을 수 없다. 만약 국민-국토-주권이 있다고 한다면, 그 자체로 국가로 발전할 수 있을까? 이 세상에는 국민-국토-주권을 가진 200여 개의 나라가 있지만 어떤 나라는 전 세계의 경제와 금융을 주무르고 또 어떤 나라는 그 존재감마저 희박한 채 가난하게 살아가는 경우도 많다. 이것을 결정적으로 가르는 것이 바로 '기업의 힘'이다. 기업이 막강한 고용 창출력을 바탕으로 국민을 고용하고, 이를 통해서 새로운 가치를 창출해낼 수 있을 때, 한 국가는 비로소 인정받고 존경받게 된다.

경영자들은 고용 창출이라는 것을 '부가적인 것' 또는 매출에 '종속된 것'으로 여기는 경우가 많다. 기업이 돈을 많이 벌면 직원들이 더 필요하고, 이것이 곧 고용 창출이라는 인식이다. 고용을 창출하려면 매출 확대가 전제돼야 한다는 고정관념을 가지고 있다. 기업이 돈을 번다는 것은 곧 고객 가치 창출인 만큼, 먼저 이 고객 가치가 창출

되고 차후에 고용 창출이라는 과정이 생긴다고 여긴다. 물론 표면적으로 틀린 말은 아니다. 세상의 모든 회사는 돈을 벌기 위해서, 즉 고객 가치를 창출하기 위해서 창립되는 것이지 애초부터 창업의 목적이 고용 창출인 회사는 없을 것이다.

하지만 거시적으로 생각해보자. 국가와 회사, 또는 사회와 회사라는 거시적 차원에서 보면 회사의 목적 자체가 고용 창출이 되기 때문이다. 그리고 이러한 고용 창출이 있은 다음에야 비로소 고객 가치 창출이 가능하다.

고객 가치 창출은 시간적인 구성으로 봐도 고용 창출 다음이다. 직원을 먼저 고용하고 일을 해야만 고객 가치 창출이 가능하고 비로소 수익 창출이 가능하다. 직원이 모여서 고객 가치를 우선 만들어놓지 않으면, 그것은 이익으로 전환되지 않는다.

고용 창출과 고객 가치 창출의 선후 문제는 쉽게 말해 '살기 위해서 먹는가, 먹기 위해서 사는가'라는 질문과도 비슷하다. 얼핏 보면 우리는 일상생활을 영위하기 위해 돈을 번다. 즉, '먹기 위해 사는 모습'도 가지고 있다. 하지만 그렇다고 우리 인간의 사명 자체가 '먹는 것'일까? 그것은 살아가는 과정에서 필수적일 뿐, 그 자체가 최종의 목표는 아니라는 이야기다. 고용 창출과 고객 가치 창출 역시 매우 비슷하다. 회사가 생존하기 위해서는 고객 가치 창출을 해야 하지만, 그것 자체가 회사가 가진 진정한 사명은 아니다.

회사의
가장 중요한 임무

많은 회사가 내외적 경영의 어려움에 처하면 손쉽게 직원 해고를 통한 구조조정을 단행한다. 우리는 과거 IMF 때도 수많은 회사가 구조조정을 해 노동자가 거리로 내몰리는 경험을 목도한 적 있다. 그때 네패스도 신규 사업 투자에 실패해 감원을 했다. 누구는 군밤 장사를 한다는 등 회사를 나간 사람들의 소식을 접할 때면 마음이 많이 아팠다. 직원을 감원하는 고통이 얼마나 큰지 그때 톡톡히 경험했다. 경영이 어려움에 처했을 때 과연 직원 해고와 감원이 답일까?

2008년 글로벌 금융 위기가 휩쓸었을 때도 위험한 고비를 피해갈 수 없었다. 당시 월 3,000만 개 정도 수주했던 부품 물량이 1,000만 개 이하로 급락해 생산직 직원 380명 가운데 200명은 할 일이 없어졌다. 회사 차원에서 감원을 심각하게 고민하고 있을 때 근처 유사 업종 업체도 직원 100명 가운데 70명을 감원했다는 소식이 들려왔다. 그러나 '수주 물량이 줄어든 것이 누구 책임인가? 생산라인 종업원은 책임이 없다. 책임이 없는 그들을 내보낼 수 없다'라고 생각했다. 답은 분명해졌다. 네패스는 사람 중심 경영 철학을 가지고 있는 만큼 해고와 감원 대신 직원을 재교육하기로 했다. 가동률 하락으로 시간 여유가 생긴 직원들에게 직무 교육을 하기 시작한 것이다. 물론 비용이 들어가는 일인 만큼 고민도 많았지만 그 후의 결과는 고민이 무색해질 만큼 놀라운 효과를 냈다. 그동안에는 직원들이 한두 가지 업무에만 능통했으나, 직무 교육 후에는 인접 분야의 업무까지 동시에 해내는 멀

티 플레이어가 된 것이다.

　회사는 생명을 받아 태어난 한 명의 사람이 온전한 사회적 가치를 가질 수 있도록 양성하는 매우 중요한 임무를 맡고 있다. 사람은 태어나 가정에서 양육을 받아 자라나면서 학교 교육을 마친다. 이 모든 과정은 사회에서 '올바르게 쓰임 받을 수 있도록 하는 과정'이라고 할 수 있다. 그런데 이렇게 자라난 사람에게 정작 일자리가 없다면 어떨까? 그는 온당한 성인이 됐지만, 일을 할 수 없는 무가치한 사람이 되지 않을 수 없다. 일을 하도록 설계됐고, 또 일을 통해 행복을 느끼도록 만들어진 사람에게 일이 없는 상태는 그 인간적 가치를 부정딩하는 결과를 낳는다. 이러한 상황에서 회사의 고용 창출은 곧 가정에서 시작된 한 사람의 양육을 사회적으로 완성시키는 역할을 한다. 고용 창출이 가정의 교육을 완성하고, 국가의 발전을 가능케 한다.

회사는 5가지 역할을 통해
지속성장한다

기업은 과연 어떤 가치와 존재를 추구하는 곳이 돼야 하는가. 나는 회사가 5가지 기능을 가져야 한다고 생각한다.

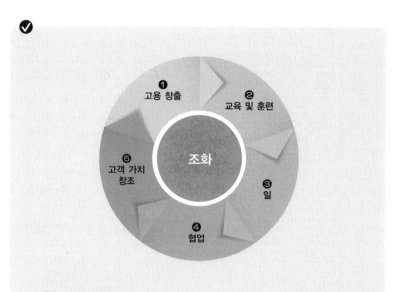

01 고용을 창출한다

02 고용한 사람들을 세상과 이해관계자에게 제대로 봉사할 수 있도록 교육 및 훈련한다

03 일할 수 있는 기회를 제공한다

04 일은 혼자서 할 수 없는 만큼 협업으로 더 크고 빠르게 일을 완성한다.

05 고객에게 가치를 제공함으로 부가가치를 창출한다.

고객 가치 창출을 통해 회사의 수익이 증가하고 규모가 커지면 다시 고용을 창출한다. 이처럼 5가지가 하나의 고리처럼 선순환을 이룰 수 있도록 한다면 회사가 제대로 굴러가지 않을 이유가 없다. 5가지 중 하나에만 집중한다면 그 회사는 제대로 굴러갈 수 없다. 동그란 공처럼 잘 굴러갈 수 있도록 5가지가 고루 조화롭게 이뤄진다면 지속성장할 수 있다.

설립 당시 회사명을 네패스로 정한 데는 이유가 있다. 히브리어의 '영원한 생명Eternal Life'과 '다이내믹Dynamic'에서 따온 '네패스nepes'라는 이름에는 지속성장하는 장수기업을 시향하는 목표가 내포돼 있다. 목표가 오래가는 회사인 만큼 경영의 기반 역시 그 중심에는 '지속성장'이 존재한다. 그리고 지속성장을 위해 그 기반이 되는 고용 창출, 걸작품 창작과 행복, 기업문화 증강을 추구하고 있다. 이는 네패스가 가진 최고의 가치는 바로 고용을 창출하는 것이며, 이를 통해 걸작품을 창작해 고객 가치를 창출하고, 이 과정에서 직원은 행복을 느끼며, 더불어 기업문화를 증강시켜 지속성장으로 이어지는 것이다. 지금까지 네패스는 이 3가지 가치를 잘 고수할 수 있게 힘을 쏟고 있다. 경영자가 이러한 경영 기반을 머릿속에 확고히 갖고 있으면 회사가 무엇을 지향하고 나아가야 하는지가 분명해진다. 바닷가의 모래 위에 지어진 집과 단단하게 굳은 땅 위에 지어진 집은 그 미래가 다를 수밖에 없다. 자신의 회사가 현재 어떤 중요한 덕목 위에 세워져 있는지를 되돌아보는 것은 미래의 경영을 위한 튼튼한 기반이 된다.

경영자가 회사의 막중한 역할에 대해 어떤 생각을 가지고 있느냐는 중요한 문제다. 자기 회사의 정체성이 되고 내부 문화를 형성하는 토대가 되기 때문이다. 또한 그것이 가정과 국가에 미치는 영향이 얼마나 큰지 잘 인식할 때, 비로소 기업을 온당하게 키워내야 하는 의무감을 가질 수 있고, 그 결과 '훌륭한 경영자'로서 내공을 가진 사람이 될 수 있다.

모든 개인은
세상의 소명을 받고 태어난다.
회사는 그런 사람을 채용하고
에너지, 활력, 행복이 가득한
일터를 제공함으로써 함께
생명 공동체를 만들어나간다.

직원과
회사는
어떤
관계일까

'사람은 왜 태어났을까?'

　누구나 한번쯤 질풍노도의 시기인 청소년기에 생각해봤을 것이다.
하지만 세월이 흐르면서 이 질문은 서서히 잊혀지고, 하루하루 바쁘게
지내면서 더 이상 이런 질문에서 멀어지기 일쑤다. 회사가 성장해서 직
원 수가 100명을 초과할 때 이 질문을 다시 떠올렸고 본격적으로 4차
원 경영을 하겠다고 마음먹었을 때 이 질문이 절박하게 다가왔다.

　'사람은 왜 태어났을까?'

　이러한 질문을 다시 하는 이유는 '회사와 직원의 관계 설정'을 제대
로 정립하기 위해서다. 도대체 직원은 어떤 정체성을 가지고 있는가,
그리고 회사란 어떤 정체성을 가지고 있는가를 알아보기 위한 것이기
도 하다.

　특별할 것 없는 고용주와 고용된 자일 뿐이라고 단순하게 생각하는
가? 어떻게 보면 '직원과 회사'가 무슨 특별한 관계가 있느냐고 충분
히 반문할 수 있다. 일반적인 상식으로 봤을 때, 직원은 각자 가정에서
태어나 자란 후에 특정한 회사에 채용돼 월급을 받으며 인생을 살아

간다. 이렇게만 보면 회사라는 것은 그저 직원이 돈을 버는 곳이며, 회사는 그 직원을 활용해서 이익을 내는 곳에 불과하다.

우리는
생명공동체다

4차원 경영에서는 회사와 직원의 관계가 완전히 달라진다. 관점의 차이가 결과를 바꾼다. 사람은 누구나 '소명자'로서 출생한다. 이 세상의 모든 사람은 그저 우연히 세상에 태어난 것이 아니라 세상의 부름을 받고 태어난다. 그들은 이미 태어날 때부터 각자 재능을 부여받았으며, 기쁘고 행복한 삶을 살도록 프로그래밍돼 있다. 그리고 그는 한평생 일을 하는 일꾼이자 새로운 것을 만들어내는 창조자로서 설계돼 있다. 이렇게 태어난 소명자는 가정을 통해서 영양을 공급받고 보호를 받으며 교육과 훈련을 통해 자라난다. 이 과정은 세상에서 제대로 쓰임을 받을 수 있도록 잘 다듬어지는 과정이다.

한 사람, 한 사람 모두가 소중한 생명과 소명을 가지고 태어나고 그런 그들이 회사를 만나면 그 속에서 자신의 미션과 꿈을 펼친다. 에너지, 활력, 행복이 넘치는 삶을 회사와 함께 꾸려가게 된다. 특수한 목적과 비전을 가지고 설립된 회사는 이 직원들에게 일을 위임하면서 그들이 사명자로서의 역할을 다할 수 있도록 돕는다. 일터를 제공하고 교육과 훈련을 진행시키며 생활과 안전을 보장하는 것이다. 이를 통해 직원들은 고객 가치를 창출하고, 인재로 양성돼 기업문화 창출

| 사람 | 나는 누구인가?

출생	양육	만남
소명자 **세상으로부터 부름 받은 자** • 일꾼 / 창조자로 설계 • 신묘막측한 재능 　@소유불균형 **창조적 일 수행자** • 합력과 협력으로 걸작품 　(다양한 사명 @하나님 섭리) • 혁신과 창조 활동으로 　세상을 새롭게 변화 **영적 삶** • 평안 / 화목 / 소망의 삶 **기쁘고 행복한 삶, 프로그래밍** • 풍요로운 삶 　by 창조적 경제 　@거래관계 • 재미있는 삶 　by 다양한 일 　@인간관계	**공급과 보호** **교육 및 훈련** • 가정, 학교, 교회, 국가 • 인문 과학 / 기술 원리 • 공동선 섬김 　: 마음훈련 　　(감사, 사랑, 겸손, 정직, 절제) 　: 큰 꿈과 비전 갖게 함 　: 영감을 불러일으킴 **쓰임 받게 다듬어짐** • 크게 쓸모 있는 인재 • 신뢰 믿음, 열정, 　책임감 가진 인재	**사명자** • 신실한 청지기 **활력, 열정, 생기가 넘치는 삶** **이웃 사랑과 증인의 삶** **아름답고 풍요롭고 기쁨 누리는 삶의 주인공**

| 회사 | 회사는 무엇을 하는 곳인가?

설립	채용	위임(일)
특수목적 • 더 큰 공동체 세움 **미션&비전 설정** **자금 투입(투자)** **위험 무릅씀**	**고용 창출 / 일터 제공** **교육 및 훈련** (회사 경영 철학&문화) **생활 안정 보장**	**젖과 꿀이 흐르는 회사** • 괄목할 만한 수익 창출 • 선한 영향력 행사 **고용 창출 / 인재양성** **독특한 기업문화 창출** **일터 가꾸기&보호**

을 하게 된다. 그리고 그 직원들은 더 많은 일자리를 창출하고 일터를 가꾸고 보호함으로써 회사와 근원적인 공생 관계를 갖는 것이다.

네패스가 생각하는 회사와 직원의 관계는 그저 '월급을 주고 일을 시키는 것'에 머물지 않는다. 회사와 직원의 관계는 하나의 '생명 공동체'다. 자신이 이 세상에 태어난 이유를 찾게 해주고, 완성시켜주고, 서로의 생명을 지속시키고 활력을 북돋워주는 관계인 것이다. 이러한 관계를 추구하는 것이 4차원 경영의 핵심이며, 이를 통해 직원과 회사를 바라보는 관점 자체가 완전히 달라진다.

생명 공동체가 만드는
기적

"정말로 그렇게 경영해도 이익을 낼 수 있나요?"

네패스가 가진 이런 생각에 어떤 사람들은 고개를 갸웃거리며 묻곤 한다. 더군다나 지금과 같은 불확실성이 높고 장기적인 불황이 이어지는 시기에 매출과 목표와 성과를 논해도 부족할 판에, 기쁨과 행복과 생명을 논해서 성과가 제대로 나느냐는 말이다.

네패스는 지난 27년간 4차원 경영을 실천해왔다. 네패스 직원들의 만족도는 국내 10대 대기업 직원들의 만족도를 넘어섰다.[2] 이는 '지금 당장 머리에 떠올릴 수 있는 대기업'보다 네패스 직원들의 만족도가 더 높다는 것을 의미한다. 더불어 부서 간에 얼마나 협업이 잘 이뤄지고 있는가를 파악하는 협업 수준 조사에서도 월등한 결과를 낳았다. 지난 2017년 한국협업진흥협회의 진단 자료에 따르면 일반 기업의 평균적인 협업 수준은 67.17이었지만 네패스는 71.32로 조사됐다. 4차원 경영이 만들어내는 생명 공동체는 이렇게 현실에서도 그 효과가 입증된 셈이다. 다른 수많은 회사 역시 4차원 경영을 도입하면, 분명 새로운 변화의 물결을 맞을 수 있다는 것을 의미한다.

4차원 경영은 '보이지 않는 것이 보이는 성과를 좌우하는 경영'이다. 직원과 회사가 함께 만드는 생명 공동체는 이처럼 눈에 보이지 않는 소명과 사명, 그리고 미션으로 설정돼 있으며, 그 안에서 끊임없이 더 높은 삶의 질과 행복을 추구하는 경영 방식이다. 무엇보다 이러한 경영 방식은 4차 산업혁명에서 인간이 나아가야 할 길과 맞물려 있다. 4차 산업혁명이 만들어갈 미래엔 단순하고 위험하고 지루한 노동은 기계가 대신하되, 인간은 기쁨과 행복을 추구하는 존재로 변해야 한다. 경영자가 4차원 경영을 실천하면 바로 이렇게 '기쁨과 행복을 추구하는 인간의 존재'를 완성시키는 생명 공동체를 만들어낼 수 있다.

'어떤 제품을 만들 것인가'에 대한 **제품 철학**이 있는가. 그것이 제대로 현장에서 적용되고 있는가. 제품 철학이 결국 제품의 완성도를 결정하고, 회사의 성공을 담보한다.

걸작품을 만드는 방법

세계 3대 시계 명품 브랜드 중에서 '파텍 필립Patek Philippe'이라는 제품이 있다. 모든 과정을 수작업으로 만들기 때문에 하나의 시계를 만드는 데 짧게는 3년에서 길게는 9년이 걸리고, 그 가격은 최소 3,000만 원에서 수억 원에 달한다. 하지만 돈이 있다고 시계를 다 살 수 있는 것도 아니다. 제품을 구입하는 모든 사람은 자신이 누구이고, 어떤 직업을 가지고 있으며, 과거 어떤 시계를 사용했는지를 밝혀야 한다. 또 '왜 내가 파텍 필립 시계를 구매하려는가'에 대한 적절한 대답을 해야만 한다. 그리고 이 모든 것은 심사를 거친다. 이는 구매하려는 고객이 시계에 대한 철학을 자신들과 공유하는지를 알아보기 위한 것이라고 한다. 하지만 아무리 그렇더라도 이 정도면 '고객이 왕'이 아니라 '판매자가 왕'이라고 해도 무방할 정도다. 물론 일반 기업에서 이러한 것을 흉내 낼 수는 없다. 하지만 이는 한 기업의 제품 철학이 어느 정도인지를 보여주는 단적인 예라고 할 수 있다.

'하자가 있으면 팔지 않겠다'라는
제품 철학

제품을 만들어 파는 회사라면, 당연히 그 제품에 대한 경영자만의 철두철미한 철학을 갖추고 있어야 한다. 즉, 제품에 대한 정체성이 규정돼야 한다. 눈에 보이지도, 손에 잡히지도 않는 철학 같은 것이 기업 경영에 무슨 도움이 되겠냐고 생각하면 큰 오산이다. 제품에 대한 철학과 확고한 정체성은 제품의 완성도를 결정짓고, 그것이 곧 회사 발전의 근본적인 밑거름이 된다. 어설픈 정체성을 가지고 있으면 어설픈 제품이 나오기 마련이고, 견고한 정체성이 있다면 제품도 그만큼이나 견고해진다.

국내의 한 조그마한 절삭공구업체는 매우 영세하게 출발했지만, 지금은 해당 분야에서 세계 1위의 매출을 기록한다. 현재 전 세계 7개 국가에서 10개의 공장을 운영하고 있으며, 판매 법인만 해도 전 세계 21곳에 달한다. 열악하게 출발했던 그 중소기업이 그렇게나 성공적인 결과를 만들었던 것은 바로 '하자가 있는 물건을 헐값에 판매하지 않겠다'라는 철학이 있었기 때문이다. 그 결과 그 회사의 제품이라면 관련 분야 모두가 인정하는 유명한 상품이 됐다.

각 분야마다 걸작품이 있기 마련이다. 훌륭한 작품을 일컫는 걸작품을 좀 더 구체적으로 표현하면 경쟁이 필요 없는 독보적인 작품, 많은 사람에게 감동, 치유, 혜택을 주는 작품, 진선미眞善美를 갖춘 작품이라 할 수 있다. 서비스나 재화를 제공하는 회사는 어떤 철학을 갖고 있느냐에 따라 걸작품을 만들어낼 수도, 그렇지 못할 수도 있다. 지금 자신이 만들고 있는 제품 또는 서비스에 어떤 철학이 담겨 있는지를 생각해본 적이 있는가? 만약 생각해보지 않았다면, 지금이라도 제품 철학을 확고하게 설정하고, 그것을 제품의 정체성으로 생각하면서 꾸준히 추구해나가야 한다.

제품 또는 서비스 철학이
기업의 이미지다

네패스는 제품 철학을 '진선미'로 여긴다. 진眞은 '진짜 제품'을 만들자는 의미다. 사람들이 정말로 필요로 하는 것, 우리의 제품을 통해서 생활의 불편함과 고통을 해소하고 편리하고 안전하게 느끼도록 만드는 것이다. 이런 점에서 사람들을 힐링시키는 제품을 만들려고 노력한다. 사람의 마음이 편안해지고 행복해지는 것이 힐링이라면, 우리의 제품도 그러한 역할을 할 수 있도록 만든다는 의미다. 그런 점에서 네패스의 많은 제품은 다른 회사에서는 돈이 안 되고, 만들기 힘들다는 것들이 주를 이룬다. 그러다 보니 대개 이런 제품들은 해외에서 수입을 해오는 경우가 많았다. 네패스에서 만드는 대부분의 제품은 수입 대체 효과를 가지고 있다. 물론 남들이 안하고 힘든 것인 만큼 실패할 때도 적지 않다. 그러나 제품의 정체성이 진眞인 만큼, 사람들에게 꼭 필요한 진짜 제품을 만들려고 노력한다.

두 번째인 선善이란 우리의 제품이 선한 목적에 쓰여야 한다는 점이다. 만약 그것이 무기로 쓰인다든지, 타인의 정신적 건강을 해치는 데

사용된다면 절대 허락되지 않는다. 실제로 일본의 한 회사가 파친코^パ
_{チンコ, 일본 최대의 성인 대중오락}에 디스플레이 부품을 제작해달라는 의뢰를 해온
적이 있었다. 하지만 그런 제품은 우리의 제품 철학, 가치관과 맞지 않
아 결국 제조를 거절했다. 마지막인 미美는 글자 그대로 보기에 좋고
멋진 아름다운 제품을 만들자는 것이다. 사람의 말과 행동, 인격이 아
름다우면 누구나 호감을 갖게 마련이다. 제품도 마찬가지로 아름답지
않으면 사람들이 호감을 갖지 않는다.

　소비자들은 제품을 보고 그 회사의 정체성과 철학을 느낀다. 때로
는 경탄을 보낼 수도 있고, 때로는 더 이상은 구매하지 않겠다는 배신
감을 느끼기도 한다. 제품에 대한 철학을 어떻게 갖고 무엇을 추구하
느냐는, 곧 소비자에게 어떤 회사로 인식되고 싶은가를 결정하는 것
이기도 하다.

개 인 과
회 사 를
성 장 시 키 는
원 동 력

    많은 기업이 시장에서 살아남기 위해 오늘도 경영 전략을 고민한
다. 제품을 어떻게 차별화할지, 새로운 시장을 어떻게 개척할지, 보다
높은 성과를 올리기 위해 어떻게 혁신해야 하는지 등의 문제로 머릿
속이 복잡하다. 복잡한 경제 수치와 통계, 미래 예측을 토대로 전략과
전술을 짜기 위해 힘쓴다. 그런데 과연 우리 경영자들은 이러한 '최신
의 과학적 경영 전략'으로 얼마나 경영의 난제들을 해결하고 있을까?
가끔 궁금증이 생긴다. '최신'과 '과학'이라는 말에 갇혀 표면적 문제
는 보고 있어도 그 배후에 있는 본질은 놓치고 있는 게 아닐까. 결과를
바라볼 뿐 그 결과를 만들어내는 진정한 힘은 간과하고 있는 것은 아
닐까.

    나는 기업을 성장시키는 가장 본질적인 힘을 '사람과 사람 사이의
관계'라고 확신한다. 그것은 과학이라고 말하기에는 본성의 문제에

가깝고, 최신이라고 말하기에는 너무도 오래된 내용이다. 하지만 이 관계의 문제는 생각보다 많은 경영상의 난제들을 해결해준다. 이 방법은 실제 비즈니스 현장에서 검증됐고, 진정한 성공으로 가는 에너지의 원천임이 입증됐다.

기업을 일으키는
감사의 힘

나는 이 에너지의 원천을 '그래티튜드^{Gratitude}'라고 부른다. 사전적 의미로는 '고마움, 감사하는 마음'이다. 그런데 이것이 경영의 한 전략으로 차용되기 시작하면 그 의미는 좀 더 광범위하게 확장되고 심층적으로 재정의된다. 그래티튜드는 사람과 사람 사이에 맺어지는 최선의 상태, 가장 우호적이고 긍정적이면서 함께 행복을 지향하려는 의지다. 여기에는 상대방을 소중히 여기는 것, 그래서 존중하고 감사하고 아낌없이 칭찬하는 행위 등이 모두 포함된다. 결국 그래티튜드가 지향하는 바는 '정서적이고 현실적인 면에서 최고의 관계를 만들어내려는 상호간의 노력'이라고 할 수 있다. 이것은 그저 누군가에게 도움을 받은 후 고맙다고 느끼는 순간적인 감정과는 비교할 수 없다. 그것은 기브 앤 테이크$^{Give \& Take}$의 과정에서 생겨나는 이익에 대한 감사에 불과할 뿐이다.

그래티튜드를 기업의 경영에 적용하면, 기업은 커다란 발전의 동력을 얻는 것이나 마찬가지다. 그것은 고갈되지 않는 성장의 에너지이며, 세월이 흘러도 결코 퇴색되지 않는 지속성장의 배경이 된다. 또한 개인을 성장시키고, 업무 스트레스를 이기게 해주며, 더 나은 발전을 꾀할 수 있게 하는 실천적이면서도 강한 의지력의 덕목이다. 오만한 사람은 쉽게 무너질 수 있으나 늘 감사하는 사람은 겸손하게 배우고 자신을 계속 발전시켜나간다. 회사의 이익만을 생각하는 이기적인 회사는 당장 매출은 올릴 수 있어도 결국 국가와 사회, 지역 주민들에게 외면받는다. 하지만 늘 감사하는 마음을 가진 회사는 사회를 돌보고 취약계층과 함께함으로써 선한 영향력을 끼치고 그것으로 더욱 존경받는 회사가 될 수 있다. 약해 보이지만 더 강한 것, 한낱 마음의 자세에 불과한 것처럼 보이지만 실제로는 실천적 무기가 되는 것, 바로 그것이 감사의 기업문화인 셈이다.

감사, 인간이 가질 수 있는
가장 고양된 감정

인간의 감정을 계층적으로 나타낸 '무드^{Mood} 엘리베이터'는 최하층인 지하 9층에서부터 최상층인 지상 9층까지 존재한다. 이는 인간이 가질 수 있는 감정의 스펙트럼을 보여주는 것은 물론이거니와 각각의 감정이 가진 영향력의 강도 역시 동시에 알려준다. 최하위 감정인 침울함^{Depressed}은 스스로의 발전 가능성을 믿지 못하는 상황이면서 타인과의 소통도 막아 고립되게 만든다. '사람은 사회적 동물'이라는 대명제에 비춰본다면 가장 최악의 상태다. 사회 속에서 활동할 의지도 갖

Grateful
Wise
Creative
Resourceful
Hopeful
Appreciative
Patient
Sense of humor
Flexible
Curious
Impatient
Irritated
Worried
Defensive
Judgmental
Self-righteous
Stressed
Angry
Depressed

지 못하고 사회 속의 사람들과 교류도 하지 못하는 상태이기 때문이다. 반면 제일 높은 층에는 바로 감사 Grateful가 존재한다. 이는 인간의 감정 중에서 감사라는 것이 자신과 주변을 변화시키는 데 상당한 파급력과 영향을 가지고 있다는 점을 보여준다.

마음의 상태가 감사라는 최상의 상태가 되면 마음이 정화가 돼 올바른 결정을 내릴 수 있다. 실제 분노를 느낄 때의 심장 박동은 상당히 불규칙적이어서 올바른 판단을 내릴 수 없는 반면, 감사를 느낄 때는 심장 박동이 균일하고 규칙적으로 움직여 의사결정에 온전히 집중할 수 있다. 또한, 감사를 하면 가장 좋은 감정이기에 일에 몰입할 수 있어 성과를 창출할 수 있다. 그리고 감사를 하면 주변 환경을 새롭게 보는 눈이 생겨 주어진 환경을 재구성하는 창의력이 신장된다. 이외에도 감사를 통해 인간관계가 부드러워져 소통과 시너지 효과를 볼 수 있으며, 마음의 평안을 얻고 스트레스가 감소해서 건강해진다.

이에 우리는 태어난 것도 감사해야 할 일이고, 양육받은 것도 감사할 일이고, 회사를 만난 것도 감사할 일이다. 그리고 지금 아무런 탈 없이 살아가는 것 역시 무한히 감사할 일이다. 네패스는 이러한 감사의 덕목을 일상화하기 위해서 '감사 진법'을 만들어 회의할 때마다, 일하기 전에 수시로 외우고 복창한다. 또한 '마법노트'라는 별도의 회사 어플리케이션을 통해 가족, 상사, 동료, 부하직원, 고객 등 타인들에게 수시로 감사편지를 전한다. 다음의 내용을 가슴에 새기고 입으로 말하면, 더 감사할 일이 늘어날 것이다.

네패스 감사 진법

01 예상치 않은 일, 업무가 생겼을 때 감사하자.

02 생각만 하지 말고 소리 내어 감사하자.

03 내 기준에서 기쁨, 행복의 조건을 빼앗긴 그 원인에 대해서 감사하자.

04 내 마음에 감사가 차고 넘칠 때까지 계속 입으로 감사하자.

05 지체하지 말고 즉각적으로 감사하자.

06 네패스 감사 진법을 생활의 모든 면에서 활용하자.

07 사람에 대해서는 철저하게 "감사/감사/축복"하자.

08 쓰임 받는 사람, 존귀함을 받는 사람, 감사가 넘치는 사람이 되자.

SUCCESS ATTITUDE 02

4차원 경영의 핵심, **가치관**

{ 분명한
가치가
회사를 이끈다 }

인간은 살면서 여러 가지 환경과 경험을 겪으며 가치관을 형성한다. 해야 할 것, 하지 말아야 할 것, 옳은 것, 바람직한 것 등 가치에 대한 관점을 갖는다. 크고 작은 선택으로 점철된 인생에서 어떤 가치관을 가졌느냐는 중요한 역할을 한다. 한순간의 잘못된 선택은 돌이킬 수 없는 나락으로 이끌기도 하기 때문이다. 회사 또한 마찬가지다. 어떤 가치를 추구하느냐에 따라 회사가 내리는 다양한 선택의 순간에 영향을 미치고 그 영향이 회사의 운명을 좌우하기도 한다.

지금처럼 변화가 빠른 시대, 치열한 경쟁이 벌어지는 시대, 미래가 불확실한 시대는 필연적으로 경영자와 직원들에게 엄청난 스트레스를 준다. 불안, 조급함, 초조함, 두려움과 공포, 걱정을 불러일으키는 것이다. 이런 상태에서는 긍정적인 정서, 애사심, 몰입도가 떨어져서 업무 성과가 낮아지게 되고, 건강이 나빠지며, 삶에 대한 애착이 떨어져 행복도 역시 저하된다. 여러 지표를 통해서도 확인할 수 있다. 2017년 3월 통계청은 '삶의 질 종합지수'라는 것을 처음으로 발표했다. 그 결과 우리나라의 GDP가 28.6퍼센트 향상돼온 과정에서 삶의 질은 11.8퍼센트밖에 늘지 않아 경제 청장 속도의 3분의 1 수준에 불과했다. 더욱이 가족과 공동체 지표는 오히려 악화돼왔다.

4차원 경영에서 중심이 되는 것은 사람이다. 경영자나 직원이 행복하지 못하다면 회사의 존재 이유가 흔들린다. 경영자는 이러한 시대 환경에서 어떻게 하면 직원들의 스트레스를 최대한 줄여줄 수 있는지, 그리고 또 어떻게 일을 통해 성과를 내면서도 행복과 마음의 평안을 이룰지를 고민해야 한다. 그러한 고민의 중심에 어떤 가치를 추구할 것인지가 놓여 있다. 경영자가 추구하는 가치가 직원들의 행동과 마음에 직접적인 영향을 미치는 것은 당연하다. 자신의 회사가 어떻게 되고 싶은지, 무엇을 지향하는지를 보다 확실하게 하기 위해서는 바로 이러한 '행동의 기초'가 되는 경영자가 추구하는 가치가 무엇인지부터 제대로 세워야 한다.

경영자가 가지고 있는 가치는
직원들의 행동에
직접적인 영향을 미친다.
이러한 가치와 행동이 모여
기업문화가 되고
회사의 분위기를 결정한다.

기업문화를
만드는
가치의
중요성

340년을 지속해온 독일의 화학회사인 머크^{Merk}그룹은 세계적으로도 유명한 장수기업이다. 머크그룹 회장이었던 칼 루드비히 클레이^{Karl-Ludwig Kley}가 어느 자리에서 이렇게 이야기한 적이 있다.

"많은 회사에서 문화는 사치이지만 우리에게 문화는 행동의 기초다. 문화는 결코 우리의 제품에 대한 것이 아니고 항상 우리의 사람들에 관한 것이다. 더불어 분명한 가치에 관한 것이다."

경영자가 직원들에게 전하는 가치, 그것으로 형성되는 문화는 '행동의 기초'가 된다. 자신의 회사가 어떻게 되고 싶은지, 무엇을 지향하는지를 보다 확실하게 하기 위해서는 바로 이러한 '행동의 기초'가 되는 가치부터 제대로 정립해야 한다.

가치는
행동의 기초

경영자가 회사 내에서 어떤 가치를 가지고 있는지, 그것을 위해 어떤 노력을 하는지는 직원에게 직접적이고 결정적인 영향을 미친다. 그리고 이러한 가치들이 모여서 회사의 문화가 만들어진다. 사내문화는 회사 전체의 분위기를 좌우한다.

이 점을 분명히 인식한다면 이제 경영자는 무엇을 해야 할까? 직원에게 회사의 목표 달성을 위한 업무를 부여함과 동시에 가치도 함께 알려줘야 한다. 이 가치는 직원들의 행동을 위한 아주 구체적인 가이드라인이 된다.

예를 들어 경영자가 "어떻게 해서든 이번 연도 매출을 전년 대비 150퍼센트 이상 올려라" 하고 지시한다고 하자. 이 말에는 '가치'가 함께 전달되고 있다. 경영자는 '어떻게 해서든'이라고 말하고 있다. 이는 '다른 직원들을 닦달하든, 대리점에 압박을 가하든, 무제한으로 야근을 하든' 상관없다는 것을 내포한다. 이러한 가치를 전달받는 직원은 상사의 가치에 따라서 행동하기 시작한다. 반대로 경영자가 "매출을 전년 대비 150퍼센트 이상 높여라. 정상 업무 시간에 더욱 몰입하라"고 하면 어떨까? 물론 여기에서도 가치가 동시에 전달되고 있다. '어쨌든 매출 때문에 다른 것을 희생해서는 안 된다'라는 보다 인간적인 가치가 포함돼 있다. 그리고 이러한 가치들이 모여 회사의 문화로 형성된다. 직원들은 '회사가 아무리 매출에 신경 쓴다고 하더라도 결코 직원들의 희생을 바라지는 않는다'라는 생각이 회사 전반에 퍼져 나가고, 이것은 직원들의 행동 원리가 된다. 회사의 이러한 배려에 직원들은 오히려 더욱 주어진 시간에 열심히 일하려는 생각을 갖게 된다.

10억 원을
전 직원 보너스로 지급하다

IMF 시절, 네패스의 한 계열사는 뜻하지 않게 상당한 돈을 벌게 됐다. 당시 해외에 자재를 수출하고 있었는데 결제를 달러로 받았다. 그런데 급격한 환율 차이로 인해 10억이라는 돈이 느닷없이 생겼다. 생각지도 않은 상당한 돈이 들어왔으니 좋기는 했지만 뭔가 좀 멍한 느낌이 들기도 했다. 제조업으로 10억 원을 벌기 위해서는 엄청난 시간과 노력이 동반돼야 하는데 환율 차이로만 10억 원이라는 돈을 벌게 되니 허탈하다는 생각이 들었다.

비현실적인 기분에서 현실로 돌아와 가만히 생각해보니 그 돈은 우리 회사가 추구하는 가치에 어긋나는 돈이었다. 열심히 일하고 노력한 대가로 돈을 버는 것이 기본적인 우리 회사의 철학인데 우리의 노력과는 상관없이 갑작스런 환율 차이로 인해 발생한 돈이었기 때문이다. 어떻게 써야 할지 고심했다. 결국 그 10억 원의 돈을 회사의 유보금으로 쌓아놓거나 다른 곳에 투자하지 않고 전 직원에게 보너스로 나누어주기로 했다. 회사가 마치 선물처럼 받은 돈이니, 직원들에게 선물로 주자는 생각이었다.

물물교환에서 시작해서 화폐제도가 생겨나면서 다른 사람을 유익하게 하는 제품과 서비스를 생산하고 확대할 수 있었다. 물물교환과 비교하면 수천, 수만 배의 광대한 생산의 열매를 다른 이들과 향유할 수 있게 된 것이다. 그러나 지금은 그 정도가 심해져 돈이 모든 가치의 최우선이 되고 있다. 돈은 너무 많은 힘과 가치를 갖고 있어 돈을 지나치게 탐할 경우 수많은 죄의 유혹이 뒤따른다. 하지만 돈의 노예가 돼서는 안 된다. 《성경》을 보면 "돈을 사랑함이 일만 악의 뿌리가 되나니 이것을 탐내는 자들은 미혹을 받아 믿음에서 떠나 많은 근심으로써 자기를 찔렀도다"라며 돈의 위험성을 경고한다. 돈이 많고 적음에 크게 연연하기보다 살아생전에 잠시 맡아두는 물건이라고 여기면 충분하다. 사업을 통해 수익을 창출하는 이유는 선한 곳에 사용하기 위함이고, 새로운 가치를 창출하고자 함이다.

　돈에 대한 이러한 가치관은 이후 직원들에게도 영향을 미쳤다. '열심히 일해서 번 돈이 가장 소중하고 의미가 있다'라는 가치를 전파했기 때문이다. 또한 이런 가치는 직원들의 일상에도 하나의 '행동의 기초'를 마련해줬으리라 믿는다.

개인에게 좌우명이 있다면
기업에게는 **핵심 가치**가 있다.
이 핵심 가치는
직원들의 행동규범을 만들고
이를 통해 하나 된 힘을
발휘하게 한다.

실행력을
높이는
핵심 가치의 힘

개인에게 '좌우명'이 있다면 회사에는 '핵심 가치'가 있다. 이는 쉽게 말하면 의사결정의 판단 기준이라는 의미다. 다만 이것은 경영 이념과는 다소 차이가 있다. 경영 이념은 경영자 개인의 생각이나 가치관이 좀 더 강조되는 부분이며 '회사를 어떻게 이끌어갈 것인가?'라는 질문의 답에 해당한다. 핵심 가치는 또한 비전과도 차이가 있다. 비전이란 회사가 지향하는 궁극적인 방향이다.

예를 들어 한 개인이 '나는 세계 최고의 의사가 될 거야'라는 궁극적인 목표를 설정했다면 이것이 바로 비전이다. 반면 한 개인이 '매 시간 성실하게 살자'라는 좌우명을 가지고 있다면 이것이 바로 핵심 가치가 된다. 주변 환경 변화에 휩쓸리지 않고 회사가 지켜나가야 할 본질적인 요소다. 간단하게 말하면 '미래에 되고자 하는 그 무언가'가 아니라 '지금 현실에서 필요한 판단의 기준'인 셈이다. 예를 들어 이벤트를 진행할지 말지, 팀을 어떻게 운영해 갈지, 자기계발비를 지원할지 말지 등에 대해 판단할 때 기준이 되는 것이다.

핵심 가치를 정립했으면 그에 따른 행동규범도 함께 정해야 한다.

이 행동규범은 다소 추상적으로 보일 수 있는 핵심 가치를 아주 구체적인 형태로 제시하는 것을 말한다. 직원들의 입장에서는 이 행동규범을 보면서 '아, 그러면 지금 이 상황에서는 이렇게 행동해야겠구나' 하는 것을 알 수 있다.

핵심 가치와 행동규범은 조직의 실행력을 강화시킨다. 단 두 가지 전제조건이 필요하다. 바로 의사결정의 권한을 최대한 위임해야 하고, 더불어 실패를 해도 다그치지 않는 문화가 있어야 한다. 실행력이 강하다는 것은 결국 주인처럼 행동한다는 이야기다. 따라서 주인처럼 행동하기 위해서는 당연히 의사결정의 권한이 있어야 한다. 더불어 직원들이 실패하는 것에 대해 두려워하게 되면 아예 실행 자체를 머뭇거리게 된다.

위기를
이겨내는 힘

1980년대 존슨앤존슨^{Johnson & Johnson}사가 한순간 위기를 맞았다. 일명 타이레놀 사망사건이다. 당시 캡슐에 독극물인 청산가리가 들어 있어 단 이틀 만에 7명의 사람이 사망했다. 이에 존슨앤존슨 측은 100만 달러의 비용을 들여 단 7일 만에 미국 전 지역에 있는 타이레놀 3,000만 병을 수거했다. 이렇게 해서 손해가 난 금액만 1,000억 원(한화 기준)이었다. 지금으로부터 20년이 훨씬 넘은 이야기니 아마도 지금의 금액으로 환산하면 훨씬 큰 금액일 것이다. 존슨앤존슨이 이렇게 엄청난 손해를 감수하면서도 아무런 주저함 없이 빠르게 행동할 수 있었던 이유는 바로 그들의 행동규범에 있었다. 다음은 존슨앤존슨의 행동규범이다.

첫째, 우리 제품과 서비스의 모든 소비자에게 책임감을 갖는다.
둘째, 우리 회사의 모든 직원에게 책임감을 갖는다.
셋째, 지역사회를 포함해 세계 공동체에 책임감을 갖는다.
넷째, 회사의 마지막 책임은 주주에 대한 책임이다.

핵심 가치와 행동규범만 잘 활용해도 기업은 어떤 위기에도 현명하고 신속한 판단을 내릴 수 있어 역경을 돌파해 나갈 수 있는 힘을 가질 수 있다. 앞서 말한 사건은 이를 가장 직접적으로 보여준 사건이었다.

그들이 가졌던 행동규범의 면면에는 '책임감'이 자리 잡고 있다. 이러한 책임감을 내재화하고 있던 그들이 고객이 사망하는 사고가 일어났을 때 어떤 희생을 감수하더라도 그 책임감을 완수하려고 한 행동은 너무도 당연한 일이었을 것이다. 이후 존슨앤존슨은 이러한 발빠른 대처와 무한 책임의 정신으로 신뢰를 다시 회복했고, 오늘날까지도 건재하다.

무엇보다 핵심 가치에서 비롯된 행동규범은 직원들의 실행력을 높여주는 역할을 하기도 한다. 사람은 모두 다 생각이 다르고, 또 상사가 하는 판단과 부하가 하는 판단 역시 그 결이 다를 수밖에 없다. 이러한 애매한 선택의 순간에 행동규범을 떠올리면 모든 것이 명확해진다. 용기와 확신을 가지고 행동할 수 있으며 방향성을 스스로 정할 수 있다. 직원들이 이렇게 행동할 수 있을 때 기업의 실행력은 더욱 빠르고 정확해질 수 있다.

회사에
핵심가치가 있는가

네패스의 핵심 가치는 '감사'이고 경영 이념은 '봉사하는 생활, 도전하는 자세, 감사하는 마음'이다. 이런 핵심 가치에 대해 이야기를 꺼내면 "그런 건 대기업이나 가지고 있는 거 아니야?" 하는 반응을 보인다. 오히려 중소기업일수록 더욱 중요하고, 직원이 적을수록 더욱 핵심 가치를 중심으로 뭉쳐야 더 강한 시너지를 만들어낼 수 있다.

크든 작든 회사를 경영하거나 회사 경영을 꿈꾸는 사람이라면 회사를 세우기에 앞서 어떤 핵심 가치를 가진 회사를 만들 것인지 생각해볼 필요가 있다. 경영자와 직원들의 머릿속에 핵심 가치와 더불어 경영 이념이 포함된 전체적인 회사 설계도가 들어 있어야 하기 때문이다. 그래야 언제 어디서든 동일한 방향을 보고, 동일한 마음 자세로 일해 나갈 수 있다.

Mission

Helping Customers Succeed
고객이 지경을 넓혀가는 데 도움을 주는 사명 공동체
명문회사 · 명품회사 · 섬김회사

Vision

Global Top-Tier
혁신과 창조로 미래를 앞당기는 서비스 공동체
혁신 · 창조 · 건강한 재무

Core Value

First-Class Corporate Culture
기쁘고 감사한 마음으로 함께 일하는 생명 공동체
기쁨 · 소통 · 감사 · 사랑

nepes

Mission

네패스는 '다른 사람의 꿈과 비전을 이루는 데 도움을 주기 위해 존재'한다, 쓰임 받는 인재들이 함께 일하는 명문회사, 고객의 수요를 충족시키는 창조적 가치를 지닌 서비스와 제품을 제공하는 명품회사, 땅끝까지 고객을 진정으로 도와 그 지역발전에 이바지하는 섬김회사를 지향한다.

Vision

네패스는 사업군별로 'Global Top-Tier 기업 지위를 유지'한다, 기존 제품과 서비스는 혁신을 통하여 최강의 경쟁력을 높여나가는 한편 신규 제품과 서비스를 지속적으로 접붙여서 지속 성장하는 서비스 공동체를 만들어간다.

Core Value

우리는 세상으로부터 부름받은 창조적 일꾼으로서 사명감을 가지고 일한다.
① 뜨거운 열정과 인격적 교류로 타인의 유익을 위해 기쁘게 일한다.
② 활발한 소통과 연결을 통해 합력과 협력으로 일의 완성도와 경쟁력을 높여서 얻은 깊고 풍성한 가치를 함께 누리도록 한다.
③ 타인을 나와 같은 가치를 지닌 존재로 인정/사랑하고 함께 우리를 에워싸고 있는 어떤 환경도 감사한 마음가짐으로 극복한다.

in thanks   ver 1.5

위의 그림은 네패스의 가치관이며 경영 설계도 사양의 일부다. 우선 네패스의 미션은 '고객이 지경을 넓혀가는 데 도움을 주는 사명 공동체Helping Customers Succeed'라는 것이다. 이를 위해서 우리는 ❶ 쓰임 받는 인재들이 함께 일하는 명문회사, ❷ 고객의 수요를 충족시키는 창조적 가치를 지닌 서비스와 제품을 제공하는 명품회사, ❸ 땅끝까지 고객을 진정으로 도와 그 지역 발전에 이바지하는 섬김회사를 지향한다.

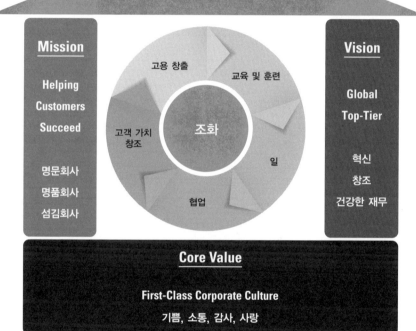

경영이념
봉사하는 생활 · 도전하는 자세 · 감사하는 마음

Mission

Helping
Customers
Succeed

명문회사
명품회사
섬김회사

고용 창출

교육 및 훈련

조화

고객 가치
창조

일

협업

Vision

Global
Top-Tier

혁신
창조
건강한 재무

Core Value

First-Class Corporate Culture

기쁨, 소통, 감사, 사랑

이어 비전은 '혁신과 창조로 미래를 앞당기는 서비스 공동체^{Global Top-Tier}'이다. 기존 제품과 서비스는 혁신을 통해서 최강의 경쟁력을 높여나가는 한편, 신규 제품과 서비스를 지속적으로 접붙여서 지속성장하는 서비스 공동체로 만들어가고자 한다.

마지막으로 핵심 가치는 '기쁘고 감사한 마음으로 함께 일하는 생명 공동체^{First-Class Corporate Culture}'이다. 이를 위해서 네패스의 전 직원은 창조적 일꾼으로서 사명감을 가지고 일하고 있다. 또한 여기서 더 나아가 ❶ 뜨거운 열정과 인격적 교류로 타인의 유익을 위해 기쁘게 일한다, ❷ 활발한 소통과 연결을 통해 합력과 협력으로 일의 완성도와 경쟁력을 높여서 얻은 깊고 풍성한 가치를 함께 누리도록 한다, ❸ 타인을 나와 같은 가치를 지닌 존재로 인정, 사랑하고 함께 우리를 에워싸고 있는 어떤 환경도 감사한 마음가짐으로 극복한다.

경영 설계도는 미션, 비전, 그리고 핵심 가치를 통해 회사가 목표하는 것과 그것을 구체적으로 이뤄주는 방법을 정리해 놓은 것이다. 이러한 경영의 설계도를 직원들과 함께 공유하고 그것의 구체적인 의미를 살피는 일은 매우 중요하다.

'무엇을 위해 사는가'에 따라
인생의 방향이 달라지듯
회사의 미션은 무엇을 해야 하고,
무엇을 하면 안 되는지
판단 기준이 된다.
이윤보다 더 중요한 것은
미션이다.

모든 것은
구체적인
미션에서
출발한다

여러 회사의 홈페이지 첫 화면을 보면 회사 소개에 미션이 나와 있다. 흔히 '새로운 문화를 창조한다' 또는 '고객 한 명 한 명이 웃는 얼굴을 위해 정진한다', '인간의 정신에 영감을 불어넣는다'처럼 조금은 추상적이어서 현실과 관련이 없는 것처럼 보이기도 한다. 회사 입장에서는 다음 달 월급 주기도 빠듯한 상황에서 미션을 말하면 황당할 수도 있다. 그러나 실제 경영 현장에서 미션이 갖는 중요성은 크다. 이윤과 직접적인 연관을 맺고 있기 때문이다.

미션이란 '기업의 존재 의의', '기업이 추구할 궁극적인 목적', 즉 사명이다. 그것은 돈을 넘어서는 더 높은 차원의 윤리적이고 영적인 소명이다. 2010년 인도 경제지 《이코노믹타임스》는 타타그룹의 라탄 나발 타타Ratan Naval Tata 회장을 '인도에서 가장 영향력 있는 최고경영자CEO'로 선정했다. 그는 이러한 '목적(미션)이 이끄는 기업'에 대해 이런 이야기를 했다.

"오늘날 세계에는 이윤보다 한 차원 높은 목적의식을 가진 기업이 매우 필요하다. 이윤 극대화는 기업의 궁극적인 존재 이유나 목적이 아니라 단순한 결과다. 행복이 목적의식, 의미 있는 일, 그리고 깊은 인간관계로부터 얻어지는 부산물인 것처럼 이윤이 기업 활동의 궁극적인 목적이 돼서는 안 된다."

세계적인 제약회사인 머크의 조지 머크^{George Merck} 회장 역시 비슷한 이야기를 했다.

"의약품은 환자를 위한 것이지 결코 이윤을 위한 게 아니다. 이 사실을 잊지 않기 위해서 우리는 부단히 노력하고 있다. 이것만 제대로 기억한다면 이윤은 저절로 따라온다. 이것을 더 잘 기억할수록 이윤은 더 커진다."[3]

이윤은
그저 부수적으로 따라온다

그렇다면 도대체 왜 현실적인 이윤을 좇지 않고 추상적인 미션을 추구할 때 이윤이 더욱 늘어나는 것일까? 회사의 이윤이 늘어난다는 것은 구체적으로 두 가지 이유에 근거한다. 하나는 직원들의 역량이 더욱 높아져서 보다 적은 자원을 사용해서 품질 좋은 제품과 서비스를 만들어 시장 개척을 열심히 하는 경우다. 두 번째는 기업에 대한 소비자의 이미지가 좋아져서 더 많이 구매를 해주는 경우다. 중요한 것은 바로 이 두 가지의 구체적이고 현실적인 이윤 증가가 미션과 아주 밀접한 관련을 맺고 있다는 점이다.

실제 미션이 매우 명확하고, 그것이 실질적인 경영에 잘 반영되는 회사는 직원들이 훨씬 더 긍정적이고, 몰입을 잘하며, 자신의 일을 잘 수행하겠다는 의지도 강하다. 세계적인 컨설팅 회사인 딜로이트^{Deloitte}가 조사한 바에 따르면 미션과 목적의식이 강한 기업의 경우 직원들이 '나의 일에 몰입을 잘한다'라고 대답한 사람이 전체의 73퍼센트에 달했다. 하지만 그렇지 않은 기업의 직원들은 23퍼센트에 불과했다. 직원들이 스스로 몰입을 잘한다는 것은 업무의 질이 그만큼 높아진다는 것을 의미한다.

또한 자신의 미션을 잘 지키는 기업들은 고객을 중심으로 생각하는 경향이 매우 강하다. 온 정성을 다해 고객 서비스를 해서 고객들의 생활이 편리해지고, 더 많은 가치를 누릴 수 있게 한다. 이러한 '고객 중심 경영'이 곧 해당 기업에 대한 소비자의 이미지를 좋게 만들고, 그들이 제공하는 더 많은 혜택에 기꺼이 해당 물품을 선택하도록 만든다. 미션과 이윤은 결코 분리될 수가 없다.

또한 미션은 직원들에게 일에 대한 구체적인 신념을 심어주는 역할을 한다. 덴마크의 노보노르디스크사는 인슐린을 제조하는 세계 1등 기업이다. 이 회사에서는 신입사원이 입사하면 필수적으로 당뇨 환자와 함께 하루를 보내도록 한다. 이 과정을 통해 사원들은 당뇨 환자의 고통을 이해하고 '내가 왜 나의 일을 열심히 해야 하는가'를 마음으로 깨닫는다. 이 경험은 '월급을 받기 위해 일하는 것'이 아니라 '당뇨 환자에게 행복을 주기 위해 일하는 것'이라는 미션을 부여한다.

구글의 미션은 매우 단순 명쾌하다. 구글의 첫 페이지에 나오는 '구글에 대해서'를 살펴보면 "구글의 사명은 전 세계 정보를 정리해 누구나 편리하게 이용할 수 있도록 하는 것^{Google's mission is to organize the world's information and make it universally accessible and useful}"이라는 한 줄뿐이다. 사명이 모호하면 보는 사람마다 해석이 달라질 수 있어 곤란하다. 회사 전체가 공유하기 어렵다. 단순할수록 좋다는 것은 미션에서도 통한다.

미션은 한번 정하는 것으로
끝이 아니라 **실천**이 중요하다.
경영자가 미션을 설명하고,
이해시키고, 실천하지 않으면
곧 직원들의 머리에서
사라지고 만다.

때로는
포기도
필요하다

세계에서 가장 창의적인 기업 중 하나로 손꼽히는 애플의 공식 홈페이지에는 특징이 하나 있다. 그것은 바로 '우리의 비전'이나 '애플의 핵심 가치', '애플의 미션'과 같은 내용이 단 하나도 게재돼 있지 않다는 사실이다. 이에 비해 국내 다수의 대기업들에는 모두 이러한 내용들이 세세하게 게재돼 있다. 그러나 이것은 단지 홈페이지를 만드는 스타일의 차이가 아니다. 이는 본질적으로 이러한 비전이나 미션을 대하는 경영자의 근본적인 태도에서 기인한다. 이에 대해 생전의 스티브 잡스^{Steve Jobs}는 이렇게 이야기했다.

　"비전이나 핵심 가치는 홈페이지에 올리는 홍보 문구가 아니다. 그것은 실천을 해야 할 대상이고 직원 모두가 공유하는 문화이며 DNA이다."

　이 말은 곧 비전이나 미션이 그저 사장실 액자에 걸려 있는 존재가 아니라 신입사원들까지 실천해야 하는 살아 숨쉬는 기업문화가 돼야 한다는 사실을 알려준다. 이를 위해서 경영자는 무수한 노력을 지속해야 한다. 그저 사보에 발표하는 '신년사'나 경영자의 '오늘의 훈시'

와 같은 말로는 도저히 직원들을 움직일 수 없다는 점을 알아야 한다. 경영자의 비전과 미션이 하부 조직에게까지 전달되기 위해서는 끊임없는 솔선수범과 강조가 있어야만 한다. 미국 최초의 흑인 국무장관인 콜린 파월Collin Powell은 이렇게 이야기한 적이 있다.

"직원들에게 지시 사항이 담긴 문건을 보내고 감동을 주는 연설을 해도 당신 스스로 매일 최선을 다하는 모습을 보여주지 않는다면 그들도 결코 최선을 다하지는 않을 것이다."

또한 GE의 전 회장이었던 잭 웰치John Frances Welch Jr의 경우도 "현장에서 일하는 직원들이 조직의 비전과 가치를 가슴에 품기 위해서는 리더가 적어도 1,000번쯤은 여기에 대해 말하고 실천해야 한다"라고 했다.

사우스웨스트는
왜 덴버 공항 진출을 포기했나?

미션을 잘 지켜나가기 위해서 한 가지 더 갖춰야 할 것이 있다. 그것은 '미션이 아닌 것을 과감하게 포기하는 일'이다. 기업에게는 수많은 도전적인 과업이 제시될 수가 있다. 하지만 그때마다 경영자가 미션에 반反하는 판단을 한다면 이미 그 자체로 직원들에게 미션을 설득하는 일은 실패하고 만다. 건강을 위해서 좋은 음식을 먹는 것도 중요하지만, 우리 건강을 망치는 음식을 포기하는 일이 중요하듯이 말이다.

미국의 유명한 저가항공사 사우스웨스트Southwest는 미국 6위의 대형 공항인 덴버 공항에 진출할 기회가 두 번이나 있었다. 그 정도 규모의 공항이라면 모든 항공사들이 진출하기를 노리는 곳이다. 하지만 사우스웨스트는 두 번의 기회를 모두 스스로 포기하고 말았다. 그것이 자신들의 미션과 맞지 않았기 때문이다. 사우스웨스트는 '고객에게 높은 품질의 서비스를 제공한다'는 미션을 가지고 있었다. 하지만 덴버 항공에 진출하게 되면 고객이 부담해야 하는 비용이 너무 많아지고, 거기다가 대기 시간마저 길어질 수밖에 없었다. 이렇게 되면 자신들의 미션인 '고객에게 높은 품질의 서비스를 제공한다'가 무너질 수밖에 없었다.[4]

미션을 지키고 전파하는 일에는 선택과 집중이 필요하다. 미션을 무한반복해서 직원들의 가슴에 각인이 되도록 해야 하며, 미션과 어긋날 때는 과감한 포기를 통해 미션의 순수성을 지켜야만 한다. 이러한 두 가지 노력을 통해 경영자가 세운 미션은 비로소 그 힘을 발휘할 수 있다. 회사의 미션은 단지 회사의 목표나 궁극적인 방향성만 나타내는 것은 아니다. 이는 시스템화로 인해 관료화될 수 있는 병폐를 막는 중요한 방어막 역할까지 한다. 시스템이 잘돼 있으면 직원들은 메뉴얼 대로만 행동하고, 이것이 고착되면 변화의 가능성이 현저하게 줄어든다. 매일의 일상에만 매몰돼 있기 때문에 어느 순간 진짜 추구해야 할 미션이 사라지고, 미션이 만들어 놓은 자동화된 시스템에만 의존하게 된다. 이를 변화시키기 위해서는 마치 고인 물에 계속해서 돌을 던져 파문을 만들듯, 회사의 다양한 교육, 근태 방식, 채용, 보상 등에서 모두 미션이 녹아들도록 해야 한다. 그래야 미션이 관료화되는 것을 막고 살아 숨 쉬는 기업을 만들 수 있다.

절제는 많은 면에서
경영에 큰 도움이 된다.
경영자의 과도한 욕심으로 인한
그릇된 결과를 막을 수 있고,
'나눔–협업–화합–소통'이라는
덕목을 회사에 뿌리내리게 한다.

회사를
성공으로
이끄는
절제의 역설

경영과 절제는 어떤 면에서 썩 어울리지 않는 조합처럼 보인다. 기본적으로 경영이라는 것은 '발전-확산-점령'과도 같은 이미지다. 더 많은 매출을 올려야 하고, 더 많은 직원을 거느린 회사가 소비자들에게도 더 많은 인정을 받는다. 경영에서 '절제의 미덕'은 오히려 방해가 되는 것처럼 생각된다.

절제는 스스로 통제하는 능력이다. 실제 많은 경영 활동에서 역설적으로 절제가 직원들 간의 관계를 더 좋게 변화시키고 또 더 큰 성공을 부른다. 피터 드러커Peter Drucker는 《프로페셔널의 조건》이란 책에서 이렇게 이야기한다.

"정직한 품성과 도덕성에 기반한 자기 절제 능력을 갖춘 경영자만이 오랫동안 존경받을 수 있다."

절제가 경영에 걸림돌이 되는 것이 아니라 오히려 훌륭한 경영의 초석이 된다는 것을 말하고 있다. 모든 경영은 더 큰 발전을 위해서 나아가야 한다. 그 과정에 적절한 절제의 장치가 없다면 경영자의 욕망은 오히려 경영에 해악이 될 수 있다. 그 이유는 경영에 도움이 되는 많은 덕목들이 절제를 내포하고 있기 때문이다. 예를 들어 나눔이라는 것은 무엇일까. 그것은 바로 자신이 쓰는 돈을 '절제'해서 타인과 함께하는 것이다. 협업이란 나에게 주어진 시간을 충분히 누리지 않고 '절제'해서 타인에게 나의 시간을 내어주는 것이다. 화합은 자신의 이기적인 마음을 '절제'해서 타인과 함께하는 것이다. 소통은 나의 주장을 '절제'해서 타인의 이야기를 듣고 수용해주는 것이다. 회사에서 무엇보다 중요한 '나눔-협업-화합-소통' 등의 이면에는 이와 같이 절제가 숨어 있다.

화려했던
메디치 가문의 몰락

한때 이탈리아 최대의 가문으로 불렸던 메디치 가문은 무절제가 어떻게 실패에 관여하는지를 잘 보여준다. 이 가문은 당대 최고의 부자였으며 두 명의 교황, 두 명의 프랑스 왕비를 배출했다. 또한 많은 인문학자들을 지원하면서 당대의 지식 활성화에도 큰 기여를 했다. 하지만 이 가문은 채 400년이 가지 못해 스스로 문을 닫을 수밖에 없었다. 가장 큰 이유는 리더십의 부재였으며, 그 리더십의 부재에는 무절제가 있었다. 메디치 가문의 마지막 통치자였던 코시모 3세^{Cosimo III de'} ^{Medici}는 욕망에 휘둘린 결혼 때문에 골치를 앓았고, 폭식과 무절제한 생활을 했으며 주색잡기에 골몰했다. 이렇게 되자 통치를 담당하던 사람들 역시 자신들이 다스리던 피렌체 시민들과 단절된 채 가혹하게 거둬들인 세금으로 향락을 즐겼다. 절제는 찾아볼 수 없었고, 욕망이 넘쳐났다. 결국 메디치 가문은 외국의 군대에게 점령당해 결국 모욕을 당했다. 무절제는 당대 최고의 부자이자 명문가를 몰락의 길로 안내하고 말았다.

동양고전에도 이러한 절제와 관련한 이야기가 있다. 사마천司馬遷이 지은 《화식열전》은 부자가 되는 길을 알려주는 책이다. 여기에 이런 내용이 나온다.

"음식을 절제하고能薄飮食, 사치와 욕심을 참고忍嗜欲, 의복을 간소화하고節衣服, 노동자들과 고락을 함께한다.與用事僕同苦樂"

여기에서 '절제'란 말은 한 번 나오지만, 사실 사치와 욕심을 참는 것도, 의복을 간소화하는 것도 모두 다 절제를 품고 있다. 또한 노동자들과 고락을 함께하는 것도 편안함과 화려함에 대한 절제에서 비롯된다. 절제란 '누릴 수 있는 것을 양보하는 것'이다. 할 수 있음에도 불구하고 하지 않는 이러한 묵직한 인내의 마음은 결국 회사의 밝은 미래를 위한 자양분이 된다.

**자기 절제는
언제나 옳다**

모든 것이 풍요롭고 넘치는 시대에도 자기 절제는 중요한 덕목이다. 절제는 뭔가를 참고, 제한해서 자신을 좀 더 건전한 상태로 만드는 것을 말한다. 가장 대표적으로 흡연, 과음, 폭식 등 나쁜 습관을 바꿀 때 필요한 것이 절제다. 절제의 미덕은 여기서 그치지 않는다. 자기 삶의 주인이 되는 것이며 반드시 해야 할 일을 하게 만들어 균형 잡히고 안정적인 생활을 하게 한다. 시간 활용에서도 절제의 힘은 중요하다. 시간을 어떻게 쓰느냐는 일상과 업무에서 매우 중요하다. 그런데 이 시간을 절제 없이 쓰는 경우가 있다. 이는 집중을 하지 못한다는 의미이기도 하다. 이 일에 시간을 썼다가 저 일에 시간을 쓰는 등 산발적으로 시간을 쓰게 되면 비효율이 발생한다. 예를 들어 일을 하다 친구와 문자를 주고받고, 기획서를 작성하다 자신의 블로그를 확인하는 것도 모두 시간을 계획적으로 쓰지 않는 일이다. 실제로 이렇게 하면 동일한 업무를 수행하는 데 있어서 30퍼센트의 시간이 더 많이 걸렸고 실수할 확률은 두 배나 많아진다. 직원들에게 자기 절제력을 갖추도록 하는 것은 회사뿐만 아니라 궁극적으로 개인의 삶을 바꾸는 일인 셈이다.

우리에게도 잘 알려져 있는 중국 명나라 말기의 어록인 《채근담》에는 이런 말이 있다.

"권세와 명리, 사치와 부귀를 가까이 하지 않는 사람을 결백하다 말하지만 가까이 하고서도 이에 물들지 않는 사람이 더욱 결백하며, 권모와 술수를 모르는 사람을 고상하다 말하지만 이를 알면서도 쓰지 않는 사람이 더욱 고상하다."

이런 사람은 올바른 가치관이 어떤 의미인지도 알고 그것을 자신이 왜 지켜야 하는지도 알고 있는 사람이다. 또 절제는 '해야만 하는 일을 하게 하는 힘'도 가지고 있다. 더불어 '스스로를 자유롭게 만드는 힘'이기도 하다. 칭기즈칸Chingiz Khan은 '세계의 정복자'였지만 늘 절제하며 생활했다. 그의 명언 중에 이런 말이 있다.

"나는 사치를 싫어하고 절제를 실천하며 살아왔다. 좋은 옷을 입고, 빠른 말을 타고, 아름다운 여자들을 거느리면 자신의 전망이나 목표를 잊기 쉽다. 그런 사람은 노예나 다름없으며 반드시 모든 것을 잃게 된다."

또한 《성경》에서도 절제를 다음과 같이 말한다.

"운동장에서 달음질하는 자들이 다 달릴지라도 오직 상을 받는 사람은 한 사람인 줄을 너희가 알지 못하느냐. 너희도 상을 받도록 이와 같이 달음질하라. 이기기를 다투는 자마다 모든 일에 절제하나니 그들은 썩을 승리자의 관을 얻고자 하되 우리는 썩지 아니할 것을 얻고자 하노라(고전 9:24~25)."

CEO NOTE

직 원 의
독 서 는
회 사 의
경 쟁 력

한때 '독서경영'이라는 말이 유행한 적이 있다. 많은 기업에서 독서를 장려하며 직무 역량을 강화하는 수단으로 활용했다. 《레버리지 씽킹》을 쓴 혼다 나오유키本田直之는 다음과 같이 밝힌다.

"사무 관리직 종사자들의 처지에서 볼 때 학습이나 연구(탐구생활)는 일종의 훈련이다. 프로 운동선수는 훈련과 시합에 투자하는 시간 비율이 '4 대 1' 정도라고 한다. 그런데 사무 관리직 종사자들의 '학습이나 연구(탐구생활)' 시간이 하루에 10분밖에 되지 않는데 매일 10시간 정도 업무를 처리하고 있기 때문에 학습 및 연구와 업무에 투자하는 시간의 비율이 '1 대 60' 정도인 셈이다. 결국 훈련시간이 턱없이 부족한 상태에서 시합에 임하는 격이다. 그렇다 보니 노동생산성을 높이기 어려운 것이다."

독서의 필요성은 익히 알고 있겠지만 현재 실무자로서 독서를 해야 하는 이유는 일을 더 잘하는 방법을 궁리하는 데 있다.

생각의 힘을 키우는
i훈련

네패스는 i훈련이라는 독서토론 모임을 진행한다. 읽고 해석하고 토론하고 적용해야 완벽한 독서라고 할 수 있다. 사전을 찾아보면 독서는 심신을 수양하고 교양을 넓히기 위해서 책을 읽는 일이라고 정의하는데, 독서를 해야 하는 이유로 아래 5가지를 꼽는다.

첫째, 책을 읽으면 작가의 경험, 지식, 정서, 느낌을 읽으면서 작품들의 환경과 자신이 처한 환경과 현실을 비교함으로써 상호작용하는 생각하는 힘을 길러준다.

둘째, 우리보다 먼저 산 사람들이 남긴 고민의 흔적을 읽으면서 나는 어떻게 살 것인가를 진지하게 생각하는 기회를 얻는다.

셋째, 고정관념(생각의 한계)을 깨뜨려 더 높은 가치관을 갖게 됨으로써 이전과 다른 변화된 삶을 살 수 있다.

넷째, 사람에 대해 더 깊이 이해하게 돼 인간관계를 회복하게 된다.

마지막으로 새로운 지식, 정보 습득으로 기존 것과 충돌해서 지식 재생산을 연속하는 신지식을 배울 수 있다.

미국과 일본의 연간 독서량은 80권, 유럽은 50권, 중국이 23권인데 한국은 9.2권이다(2015년 기준). 미국의 빌 게이츠$^{Bill Gates}$는 매년 정기적으로 2주간 책을 읽는 특별한 휴가 기간을 갖는다. 일명 생각 주간인데 목적은 오직 독서를 위해서라고 하며 휴가 기간 동안은 외부와의

연락을 끊은 채 수백 권의 책을 읽고 또 읽고, 생각하고 또 생각한다고
한다. 여기서 앞으로 전개될 세상의 모습을 상상하고 이에 대한 준비
를 구상하는 것이다. 게이츠의 성공 비결은 바로 독서에 있다고 해도
과언이 아니다. 독서에 관해서는 게이츠뿐만 아니라 성공한 사람들은
분야를 막론하고 대부분 독서광이다.

　책을 읽어야 마음 밭에 좋은 생각을 심을 수 있는데 요즘 사람들은
책을 너무 읽지 않는다. 우리가 중국에 뒤처질 수밖에 없는 이유가 바
로 여기 있다. 중국에 그렇게 많은 사람이 책을 읽고 있으니 우리가 따
라잡기 힘든 것이다. 현재 네패스에서는 생각의 힘을 키우기 위해 연
간 50권 이상 독서를 목표로 세웠다. 꾸준히 i훈련을 통해 하루 30분
이상 읽으며 독서 근육을 만들어온 상태라 이룰 수 있는 목표라고 생
각한다.

직 원 의
독 서 는
회 사 의
경 쟁 력

SUCCESS ATTITUDE 03

4차원 경영의 출발, 생각

{ 사람,
돈,
일에 대한 생각 }

'생각'이란 사물을 헤아리고 판단하는 것이다. 일반적으로 사람은 하루에 5만가지 생각을 한다고 한다. 그러나 그 생각들을 들여다보면 긍정적인 생각보다는 부정적인 생각이 더 많다. 긍정적인 생각은 25퍼센트에 불과하고 나머지 75퍼센트는 부정적인 생각이다. 더불어 이 부정적인 생각은 자생력이 있어서 점점 커지면서 긍정적인 생각을 짓누른다. 무엇보다 마음은 생각의 밭이라는 점에서 마음 밭에 잡초와 같은 부정적인 생각이 무성해지면 그 열매가 빈약해진다. 긍정적인 생각이 더 강한 힘을 가지려면 긍정적인 생각에 꿈과 비전을 실어야 한다. 꿈을 구체화해서 생생한 이미지를 머릿속에 그리고, 마음 판에 새겨야 하며, 아주 간절하고 절실하게 추구해야 한다. 이렇듯 생생한 그림이 되면 실제로 그것을 확고하게 이룰 수 있다는 믿음이 생겨난다. 이러한 구조화 과정을 거치면 결국 자신이 품었던 긍정적인 생각은 현실이 된다. 즉, ❶ 되고 싶은 것, 갖고 싶은 것, 하고 싶은 것을 간절히 소망하면 '꿈'이 생성되고, ❷ 그 꿈을 이미지화하면 설득력과 '믿음'이 생성되며, ❸ 여기에 다시 믿음을 '말'로 표현하면, ❹ 부정적인 생각을 억누르고 자신이 원하는 바를 '현실화'할 수 있다는 이야기다.

우리는 어떤 생각을 마음 판에 심어야 할까? 경영자는 어떤 생각을 해야 경영에 실질적인 도움이 될까? 그것은 우선 '나'를 위한 생각이 아니라 '직원(타인)'에 대한 사랑의 생각이다. 어떻게 직원들을 기쁘게 하고 행복하게 만들어줄까, 어떻게 그들의 성공을 도울까를 간절하게 생각해야 한다. 더불어 환경과 인간관계의 어려움 속에서도 '승리하는 자신의 모습'에 대해서도 늘 생각해야 한다. 지금 내가 겪고 있는 어려움은 나를 단련시켜 더 큰 사람으로 세우기 위한 것이라는 믿음을 가져야 하고, 또한 그것이 훗날 성공의 요인이 될 수 있음을 확신해야 한다.

이러한 믿음, 소망, 사랑의 영감을 가진 생각의 과정은 이제까지의 3차원 경영을 4차원 경영으로 승화하는 데 매우 중요한 도약대가 돼줄 것이다.

직원의 가정이 불안해지면
심리적으로 안정되지 않고
이는 결국 업무에도 영향을 끼친다.
과도한 업무가 없어야
가정이 행복해지고, 이는
회사의 경영 실적으로 돌아온다.

직원의
가정도
경영의
대상이다

4차원 경영은 '사람'을 중심축으로 삼기 때문에 '어떻게 직원을 기쁘고 행복하게 만들까?'가 매우 중요하다. 이것이 경영의 중심축에 들어 있지 않으면 안 된다.

'세상을 천국으로 만들고 싶으면 가정을 천국으로 만들면 된다. 반대로 세상을 지옥으로 만들고 싶으면 가정을 지옥으로 만들면 된다'고 직원의 가정을 행복하게 만들지 않고서는 결코 회사도 행복할 수 없다. 직원을 기쁘게 하기 위해서는 직원의 가정이 매우 중요한 역할을 한다는 것을 보여준다. 하지만 현실적으로 많은 경영자들이 '경영'이라는 카테고리에 직원들의 가정을 포함시키지 않는다. 그것은 직원 각자가 알아서들 할 일이며, 거기에 대해서는 관여할 필요도, 이유도 없다고 생각한다. 한편 당연한 말인 듯도 싶지만 직원이 가정에 충실해서 가정을 평화롭게 하는 데 회사가 도움을 줘야 하는 부분이 분명 있다. 새로운 경영을 실천하는 과정에서 반드시 필요한 것이 바로 직원의 가정에 대한 부분이다.

시대가 변해도
가화만사성은 진리

펩시코를 이끄는 CEO 인드라 누이^{Indra Nooyi}는 세계에서 가장 영향력 있는 여성으로 자주 손꼽힌다. 하지만 그녀는 애초 인도 출신이라 사회생활을 할 때 적지 않은 불이익을 받기도 했다. 그런 그녀가 결국 펩시코의 CEO로 결정되던 날, 그녀는 무척 흥분해 이 소식을 전하기 위해 곧장 집으로 달려갔다. 그 이야기를 들은 어머니의 첫마디는 이랬다.

"그래, 어서 가서 아이들 줄 우유를 사와라."

이는 어머니가 딸의 성공에 무관심했던 것이 아니라 '그렇게 큰일을 해냈지만, 그래도 아이들에 대한 엄마의 본문을 잊지 말라'는 교훈이기도 했다.

회사에서 일하는 모든 직원들은 누군가의 아빠고, 또 누군가의 엄마다. 그들이 가정에 충실한 것은 부모로서 당연한 권리이자 의무이기도 하다. 하지만 이제까지의 많은 회사에서는 직원들에게 과도한 업무를 맡겨 어려움을 겪게 했다. 가정의 중요성을 조금만 더 생각해본다면, 이는 그저 직원들에게 '알아서 하라'고 던져놓을 일이 아니다. 직원에게 일반적인 근무 시간으로는 도저히 할 수 없는 업무를 던져놓고 "부모로서의 권리와 의무를 지켜라"라고 말하기는 힘들기 때문이다.

또한 아무리 회사생활이 즐거워도 가정이 시끄러우면 직원은 근원적인 행복감을 가질 수가 없다. 아내와, 또는 남편과 싸운 뒤에 출근한 직원이 열정적으로 몰입하고, 창의적인 아이디어를 내는 것은 불가능에 가깝다.

한때 심각한 경영 위기 상황을 겪었던 트라이엄프 인터내셔널 재팬 Triumph International Japan이라는 패션 관련 회사가 있었다. 당시 위기를 탈출 하기 위해서 내렸던 여러 조치 안에는 '잔업하지 않기'가 들어 있었 다. 열심히 일해서 위기를 타개해야 할 회사에서 오히려 잔업을 하지 않는다는 것은 너무 속 편한 조치가 아닌가 싶기도 했다. 하지만 직원 들은 그 시간을 가정에서 보냈고 직원들의 행복도는 높아졌다. 그리 고 결국 이 회사는 다시 일본 패션업계 2위로 도약할 수 있었다. 가정 의 행복과 업무의 집중도가 선순환돼 결국 회사의 발전으로 돌아온 것이다.

모든 일은 가정에서 비롯되므로 집안이 화목하면 모든 일이 잘 이뤄 진다는 '가화만사성家和萬事成'이라는 말이 있다. 시대가 변해도 가화만사 성은 언제나 진리이지 않을까.《성경》에서도 "사람이 자기 집을 다스 릴 줄 알지 못하면 어찌 하나님의 교회를 돌보리요"라고 말한다.

**바야흐로
워라밸 시대**

워라밸 트렌드가 대세인 요즘 경영자는 가정사를 회사가 좀 더 적 극적으로 해결해야 하는 과제로 인식해야 한다. '일과 삶의 균형'을 뜻 하는 'Work and life balance'의 준말인 워라밸 문화가 확산되고 있 다. 2003년 근로기준법을 개정해 주 5일 근무제를 시작한 이래 근무 시간과 근무 형태에 여러 가지 변화가 시도됐다. 최근 워라밸 문화가 확산되면서 '유연근무제'를 도입하는 회사가 더욱 늘어나고 있다. 사람들의 노동관에도 변화가 일고 있다. 과거 열심히 일해 부와 성공을 꿈꿨다면 지금은 일과 개인적 삶의 조화를 더욱 추구한다.

이러한 시대 변화에 따라 발생한 개념이 바로 '홈퍼니 경영 Home+Company'이다. 가정과 직장을 하나의 범주로 묶고 그 안에서 직원을 최대한 배려하고 지원해야 한다는 의미다. 또한 직원의 경쟁력 자체를 한 명의 개인에게서 나오는 것으로 보지 말고 그가 속한 가정의 안정, 평화, 행복에서 총체적으로 생겨나는 것으로 봐야 한다.

기업에서 워라밸을 실천하는 방법에는 무엇보다 근무 시간에 있다. 불필요한 잔업과 야근을 없애고, 정시에 퇴근하는 문화를 정착시키는 것이다. 물론 여기에는 심리적, 현실적 장벽이 있다. 경영자 입장에서야 주말이나 휴일에도 필요하면 나와서 일을 해줬으면 하는 게 솔직한 심정일 것이다. 게다가 가정을 위한 프로그램을 실행하려면 돈이 들 수도 있다. 그럼에도 직원들이 일과 가정을 양립할 수 있도록 경영자가 직접 나서는 것은 매우 중요한 일이다. 일을 줄인다고 해서 회사에서 꼭 해야 하는 일을 줄이라는 말은 아니다. 바로 '낭비적인 요소'만 제거해도 직원들은 한층 가벼운 마음으로 일할 수 있다. 일본의 한 유명 대기업은 '낭비'와 '작업'을 구분한다. 낭비되는 요소만 줄여도 다른 업무에 집중할 수 있는 시간적 여유가 훨씬 더 늘어나기 때문이다. 직원들의 업무를 세밀하게 분석해서 낭비되는 요소를 효율적으로 배치해도 직원들에게 한결 시간적인 여유를 선사할 수 있다.

그럼 워라밸을 통해 생긴 개인 시간은 어떻게 소비돼야 할까? 사람은 창조될 때 일하도록 설계됐다. 일주일에 6일은 일하고 하루는 쉬는 생체 리듬으로 만들어졌다. 하지만 현실에서 주 2일을 쉬자 이러한 생체리듬이 깨져 최상의 몸 컨디션으로 일할 수 없게 됐다. 그만큼 어떻게 쉬느냐가 중요해졌다. 쉬는 2일 중 하루는 가족에 충실하고, 나머지 하루는 지난 한 주간 있었던 일의 마무리와 다음 한 주를 준비하는 시간으로 채우면 어떨까. 또는 독서, 영화 감상 등 감성을 북돋는 일을 할 때 진정한 워라밸이 실현된다고 생각한다.

아버지학교, 결혼예비학교로
행복을 가꾸다!

홈퍼니 경영의 일환으로 네패스에는 2가지 이색적인 학교를 운영한다. 바로 기혼자를 대상으로 하는 아버지학교와 미혼자를 대상으로 하는 결혼예비학교다. 이 2가지는 모두 가정의 행복과 직접적인 연관이 있다. '회사가 구체적으로 어떻게 직원들의 가정을 관리할 것인가'에 대해 고민한 끝에 생각해냈다. 시행착오가 있었지만 아버지학교는 2박 3일간 교육으로 이뤄진다.

- 자신의 아버지에게 편지를 쓰면서 아버지의 영향력에 대해서 생각하는 시간
- 자녀에게 편지를 쓰면서 아버지의 사명을 되새기는 시간
- 행복한 가정을 위한 아버지로서의 지혜를 갖는 시간

나이가 들수록 가정에서 아버지가 설 자리가 줄어든다는 하소연을 많이 한다. 가부장제 문화 속에서 성장한 만큼 잘못된 권위의식을 가지고 있을 수도 있고 회사생활에 지쳐 가정에 소홀한 탓도 있을 것이다. 가족들과 어떻게 시간을 보내는가도 중요하지만 시간의 양 또한 무시하지 못한다. 아버지들이 자신의 아버지를 생각하며 현재 아버지로서의 역할에 대해 생각해보는 시간은 많은 생각을 불러일으킨 것 같다. 아버지학교에 참가한 한 직원은 "가정에서의 나의 행동, 생각을 돌아보고 반성하는 시간이 됐다. 특히 아내에 대한 고마움이 새삼 들었다. 오늘부터 사랑하는 아내의 이름을 되찾아주며, 낯부끄럽지만 '사랑한다, 고맙다, 감사하다'라는 말을 자주 해야겠다. 아이들에게도 지시와 강요가 아닌 베풂을 실천하며 위대한 아빠가 되도록 노력하겠다"라는 후기를 남겼다. 또 다른 직원은 "솔직히 큰 기대를 하지 않고 들어왔다가 정신이 번쩍 들었다. 앞으로 어떻게 살아야 할지, 소중한 가족들을 생각하며 생명과도 같은 시간을 가족들과 보내며 소통하면서 행복한 가정을 만들어 나가도록 최선을 다할 것이다"라고 다짐하기도 했다.

결혼예비학교는 미혼자를 대상으로 2박 3일 교육으로 구성된다.

- 결혼의 의미
- 갈등해소를 위한 부부의 대화법
- 남녀 차이의 이해
- 혼전순결과 부부의 성
- 결혼 전 자아상의 치유

물론 이런 교육만으로 아버지로서의 역할과 행복한 부부생활이 완벽하게 준비되지는 않을 것이다. 그러나 최소한 일생에 중요한 분기점이 되는 결혼에 대해 깊이 생각해보는 시간은 될 것이다. 궁극적으로는 이러한 교육을 통해 가정의 평화와 화목을 이끌어 좀 더 즐겁게 직장에서 일할 수 있게 하는 데 있다.

회사는 직원을
'인생의 승리자' 로
만들어줘야 한다.
직원의 행복도가 올라가면
회사 매출은 자연히 올라간다.

직원을
왜
만족시켜야
하는가

일본 도요타 자동차의 딜러회사 중에서 '넷츠도요타난고쿠'라는 곳이 있다. 창업자 요코타 히데키橫田英毅가 가진 경영 철학을 듣고 많은 공감을 한 적이 있다. 그는 말한다.

　"회사의 목적은 이익 추구가 아니다. 그것은 그저 숫자적인 목표일 뿐, 회사의 진정한 목표는 '전 직원이 인생의 승리자'가 되는 것이다."

　요코타 히데키는 회사에 돈을 넘어서는 더 궁극적이고 가치가 중심이 되는 목적이 있다고 한다. 그래서 이 회사는 끊임없이 '직원의 행복'을 생각하고 그 결과 연간 이직률이 채 2퍼센트도 되지 않는 매우 좋은 회사로 성장했다. 그렇다면 회사의 실적은 어떨까? 지나치게 직원들의 행복만 생각한 나머지 회사의 매출은 떨어지지 않았을까? 놀랍게도 이 회사는 도요타 자동차의 300여 개의 딜러회사 중에도 무려 13년 연속(2001~2014년) '고객 만족도 1위'를 달성했다. 그것도 2위와의 차이가 너무 커서 도요타에서는 이러한 고객 만족도 순위를 매기는 것조차 폐기하고 말았다.

직원이 행복한 회사가
끝까지 간다

많은 창업자와 경영자들은 기본적으로 회사를 '돈 버는 곳'이라고 여긴다. 또 돈을 벌고 싶기 때문에 회사를 운영한다. 하지만 '지속가능성'과 '장수하는 기업 경영'이라는 측면에서 봤을 때 이러한 생각은 편협한 면이 있다.

앞서 경영자는 늘 직원을 기쁘고 행복하게 할 생각을 해야 한다고 말했다. 하지만 이 말은 어떤 경영자의 입장에서 보면 참 이해가 되지 않을 수도 있다. 경영자가 월급을 주고 일터를 만들어줬으니, 직원들이 열심히 일해서 나를 기쁘고 행복하게 해줘야 한다고 여길 수도 있다. 하지만 직원들이 기쁘고 행복하지 못하면 결코 경영자도 기쁘고 행복할 수가 없다.

'회사=돈(매출)'으로만 봤을 때 생기는 문제점은 한두 가지가 아니다. 우선 매출 목표는 매년 높아져야 하고, 회사는 계속 성장해야 하기 때문에 직원들 역시 매년 가혹한 노동을 해나가야 한다. 이렇게 하는 사이에 그들은 회사의 완전한 부품이 돼버리고 마음은 황폐해지고 회사를 떠나간다. 결국 직원들의 노하우가 회사의 노하우라는 점에서 경쟁력 있는 직원들의 노하우가 사라진다. 이는 기업의 경쟁력이 떨어진다는 것을 의미한다.

회사를 돈을 버는 곳이라고 봤을 때 생기는 두 번째 문제점은 소비자로부터 외면받을 가능성이 높아진다는 점이다. 돈을 위해 법의 테두리를 벗어나려는 위험한 욕망이 생길 수도 있고, 제품의 질을 떨어뜨리는 편법을 사용할 수도 있다. 심지어 가습기 살균제 사건을 보며 우리는 특정 회사의 제품이 사람의 목숨도 앗아갈 수 있다는 사실을 목도했다. 이러한 기업들은 결국 소비자에게 외면받을 가능성이 크고 브랜드 이미지, 매출에 오히려 심각한 타격을 입는다.

앞에서 언급했던 요코타 히데키는 바로 이런 점을 알고 있었을 것이다. 우선적으로 직원이 만족하고, 그들이 삶에 자신감을 갖고 승리하지 않는다면 결코 회사도 승리할 수 없다는 사실을 말이다. 그래서 그는 '돈을 넘어서는 더 큰 목적'을 추구해왔고, 이것이 '고객 만족도 13년 연속 1위'라는 쾌거를 이뤄냈다.

리더십보다 더 중요한
언리더십

직원들의 만족도를 높이는 한 가지 방법은 그들에 대한 지나친 간섭과 통제를 멈추는 것이다. 간섭과 통제를 좋아하는 사람은 없다. 그것은 일에 있어서도 마찬가지다. 독일인 경영컨설턴트인 닐스 플래깅 Niels Pflaeging은 "리더십이 아닌 언리더십Un-leadership이 중요하다"라고 말한다. 이 말은 곧 직원들을 경영의 대상으로 보고 엄격하게 관리, 통제하는 것을 멈추라는 조언이다. 또한 직원을 리더십의 대상으로 본다는 것은 곧 직원들을 아이 취급하는 것이나 마찬가지라고 말한다. 《성경》에서도 '인자가 온 것은 섬김을 받으려 함이 아니라 도리어 섬기려 하고 자기 목숨을 많은 사람의 대속물로 주려 함이니라'고 말한다. 리더

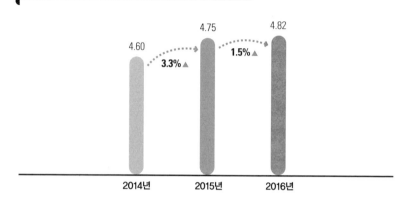

4.75

4.82

4.60

3.3%▲

1.5%▲

2014년   2015년   2016년

※ 2016년 직원 만족도는 7점 만점에 4.82점으로 연도별 직원 만족도가 향상되는 추세를 보임.

십이 아닌 '언리더십'을 실현했을 때 직원들의 만족도는 높아지게 마련이다. 중앙의 간섭과 통제를 최대한 낮추는 식으로 회사를 경영한다면, 이는 곧 직원 만족도에 이어 고객 만족도로 이어진다.

간섭과 통제 대신 자율적으로 일하는 분위기를 만드는 것이 말처럼 쉽지는 않다. 자율성은 인간이 가진 선천적 욕구다. 자율성을 갖고 태어난 사람이 업무를 하면서 자율성을 통제받으면 그 결과는 뻔하다. 반복적인 일에서 흥미를 잃게 되고 자기 통제력이 사라지면서 그저 매일매일 똑같고 지루한 회사생활을 할 뿐이다. 네패스에서는 자율성을 진작하는 방안을 도입했다. 임원들과 그룹장은 업무를 지시하고 보고받는 일을 하지 않는다. 일의 주체는 실무 담당자, 즉 과장과 대리 중심으로 일을 처리하도록 하며, 임원과 그룹장은 실무자가 일하는

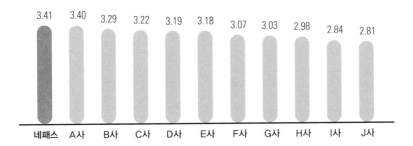

※ 국내 대기업(10대 그룹사)은 5점 기준이며, 네패스는 7점 척도 기준 점수를 5점 척도로 환산해서 표기함.
출처 : 경향비즈 2016. 7. 11 / 잡플래닛 제공.

데 어려움이 있는지 파악하고 이를 잘 처리할 수 있도록 멘토 역할을 한다. 또한 회사가 지향하는 가치관과 비전 그리고 사업계획과 일치하는지만 확인한다. 그 결과, 네패스 직원의 만족도는 지속적으로 상승해서 10대 대기업 결과보다 높은 점수가 나왔다.

사람은 누구나 자신의 인생에서 승리하기를 원한다. 그러기 위해서는 무엇보다 이러한 간절한 바람이 회사에서 이뤄져야 한다. 회사는 한 개인이 가장 많은 시간을 보내는 곳이고, 일은 개인의 삶의 일부일 뿐만 아니라 생활하고 숨 쉬는 환경의 일부이기 때문이다. 직원이 도전의식을 가지고 자율적으로 살아가면 자신의 삶에 만족하게 되고, 기업은 지속성장하게 될 것이다.

직원은 **인생의 '황금기'**를
회사에서 보낸다.
그런 직원의 성장을
이끌지 않는 것은
경영자의 직무유기나 다름없다.
자아를 실현하려는 직원들을
도우면, 그들은 반드시
회사에 성과로 보답한다.

직원에 대한
애정이

선순환을
만든다

중소기업 경영자들을 만나면서 한 가지 매우 특징적인 공통된 생각을 발견했다. '직원은 키워놓으면 언젠가 회사를 떠난다'라는 것이다. 심지어 그들은 더 좋은 직장과 높은 연봉을 찾아서 떠날 사람이니, 굳이 회사가 돈을 들여서 그들을 키울 필요가 없다고 말했다. 이것은 직원을 존중으로 대하는 것이 아니라 하나의 물건, 즉 '소모품'으로 대한다는 방증이다. 물론 그들이 그런 생각을 하는 데는 이유가 있다. 처음에는 잘 대해줘도 언젠가 다른 곳으로 떠나버리는 배신을 당한 경험이 쌓였기 때문이다. 과거의 경험들이 그들의 생각을 바꾼 것이다. 하지만 직원에 대한 존중과 인간적인 애정이 없는 황량한 사업장에 남는 것은 결국 '악순환'뿐이다. 경영자가 '어차피 저 친구도 곧 나가겠지'라고 생각하고 존중과 애정을 주지 않으면, 이제 막 열정을 가지고 입사한 사원도 '이 회사는 직원을 별로 소중히 여기지 않는다'라고 생각하며 서서히 의욕을 잃으면서 퇴사를 준비한다.

비록 직원이
떠난다고 하더라도…

존중과 애정은 마음에서부터 시작된다. '저 친구들이야 뭐 언젠가 떠날 사람이니까'라고 생각하는 것과 '비록 저 친구가 떠나더라도'라는 생각에는 큰 차이가 있다. 어차피 거의 대부분의 직원이 나중에는 떠나게 마련이다. 그런 점에서 '저 친구가 우리 회사를 떠나도 결코 망가지지 않도록 지금 여기서 잘 보살펴줘야 한다'라는 애정 어린 인간미를 가져보는 것은 어떨까? 아마 이 마음이라면 직원들이 회사를 떠나는 시간은 계속 지연될 것이고, 그만큼 회사에 공헌하는 시간은 더 늘어난다.

경영자가 직원들을 존중하지 않고 그들이 성장하도록 도와주지 않는다면, 경영자로서 직무 유기에 해당한다. 지금 일하는 직원은 '인생의 황금기'를 회사에서 보내고 있기 때문이다. 빠르면 20대부터 시작되는 회사생활은 한 사람의 삶의 목적, 의의, 가치, 인격, 인품이 형성되는 시기다. 물론 20대 이전에 가정에서도 이것이 만들어지지만, 사회라는 현실에서 겪는 것은 더욱 직접적인 영향을 미치는 경우가 많다. 만약 회사가 직원들을 막 대하면, 그때부터 그들의 인생은 망가지기 시작한다. 스트레스에 정신이 망가지고, 과로에 몸이 안 좋아진다. 교육을 받지 못하니 시대를 앞서나갈 지식을 쌓지 못한다. 또한 '나가려면 언제든지 나가도 된다'라는 경영자의 가혹한 직원관은 직원들의 안정을 보장하지 못한다. 경영자들이 다시 한 번 돌아봐야 할 것은 '과연 월급을 준다는 이유로 한 사람의 인생에 타격을 줄 자격이 있느냐' 하는 점이다.

　존중과 애정이 함께하는 직장은 인간의 근원적인 본능에 어울리는 회사다. 학창 시절 누구나 들어봤을 '매슬로Maslow 5단계 욕구설'이 바로 그것이다. 인간이 가지는 초기의 욕구는 먹고 자고, 안전을 보장받는 단계이지만, 그것이 점차 위로 상승하게 되면 결국 타인으로부터 존중받고 사랑받고 싶다는 욕구, 그리고 이를 통해 궁극적으로 자아를 실현하고자 하는 욕구가 있게 마련이다. 이러한 욕구 자체가 채워지지 않으면 사람은 온 힘을 다해 일을 할 수가 없고, 늘 갈증을 느끼는 상태에 처한다. 이런 욕구가 채워지지 않는 직장이라면 직원들의 모든 힘을 끌어내어 힘차게 전진하게 할 수 없다.

직원들의 '**자존감**'은
매우 중요하다.
회사가 직원을 존중하지 않으면
그들은 열정과 성실을 다할 수 없고,
직원 역시 회사를
존중하지 않게 되는 것은
당연한 일이다.

임직원 모두가
슈퍼스타가
돼야 하는
이유

미국의 경영컨설팅 회사 더 휴먼 엘리먼트The Human Element의 윌 슈츠Will Schutz 박사는 기업 현장에서 사람에 대한 깨달음과 신념 등이 조직의 생산성에 어떤 영향을 미치는지에 대해 오랜 기간 연구해왔다. 그는 이렇게 결론짓는다.

"자존감이란 자기 자신에 대한 긍정적인 감정이다. 이것이 강하면 정직하고, 유연성 있으며, 자기 책임감이 높고, 실패에 대한 회복력이 강하며, 창조성을 발휘하고, 타인에 대한 배려심이 강하다."

직원 각자가 자존감을 갖고 생활한다면 그 회사는 자연스럽게 성장할 수밖에 없다. 주변을 둘러보면 회사 조직의 목표 달성과는 상관없이 조직 안에서 '줄을 서고', '줄을 세우는' 사내 정치가 존재하는 곳이 많다. 권력 투쟁이나 줄 세우기, 타인에 대한 무관심과 이기주의 등은 모두 이러한 자존감의 결여와 관련이 깊다. 회사에서 자신이 인정받지 못하고, 회사가 자신을 부정적으로 평가한다고 생각하기 때문에 권력에 줄을 대고, 타인의 일보다는 자신의 일에 더욱 신경을 쓰는 것이다. 직원들 각자의 자존감을 높이면 이러한 문제들은 자연스럽게 해결될 수 있다. '회사가 직원을 어떻게 생각하는가'는 '직원이 회사를 위해 무엇을 할 것인가'를 결정짓는다.

당신의 현명한 판단에
따라 주세요

어떤 부인이 세일 기간이 끝난 후 백화점을 찾아와 특정 브랜드의 바지를 할인가격에 사고 싶다고 말했다. 하지만 그 치수는 이미 다 팔렸을 뿐만 아니라 세일 기간도 이미 끝났다. 결국 직원은 경쟁 백화점에 알아봐서 그 제품을 정상가에 사온 후 부인에게 할인가격에 판매했다.

일선 경영자의 눈으로 볼 때는 '정말로 이런 일이 있는가?'라고 반문하지만, 실제 이 사례는 미국을 대표하는 럭셔리 백화점인 노드스트롬Nordstrom에서 있었던 일이다. 이 백화점은 '고객에게 NO라는 것은 없다'라는 철학으로 경쟁사를 압도하면서 지금도 승승장구 중이다.

이 이야기는 '고객 서비스'에 대한 교훈의 사례로 여겨질 수도 있지만, 정작 우리가 심도 있게 들여다봐야 하는 점은 '어떻게 직원들이 그런 서비스를 할 수 있었느냐'이다. 그 이유는 다름 아닌 노드스트롬 백화점에 있는 단 하나의 복무규정에 있었다.

"어떠한 상황에서도 당신의 현명한 판단에 따라 주십시오. 그 외에 다른 규정은 없습니다. 궁금한 사항이 있으면 언제라도 부서장, 점포장, 사업부 책임자에게 자유롭게 질문해주십시오."

회사의 경영진은 모든 직원들을 '현명한 판단을 내릴 수 있는 사람'으로 전제하고 있다. 그리고 전적으로 신뢰하는 것은 물론, 혹시라도 실수나 잘못이 발생해도 어떤 질책도 하지 않는다.

4차원 경영에서는 사람에게 4가지의 역할과 미션이 있다고 전제한다. ❶ 일꾼으로 디자인돼 태어난 창조자, ❷ 활력, 기쁨, 행복이 넘치는 삶을 살아가는 행복 전파자, ❸ 무한한 잠재력 발현으로 세상에 선한 일을 하는 사명자, ❹ 많은 사람과 주변의 환경 덕분에 존재하기에 늘 감사하는 자다.

경영자가 직원을 이런 식으로 전제하고 대해주면 직원 개개인의 자존감은 극대화된다. 그들은 회사가 자신들을 존중하고 인정한다는 느낌을 받는다. 자아 존중감이 높은 사람은 긍정적인 감정을 가지고 있고 정직하며 유연하고 책임감이 높다. 더불어 창의성이 풍부하고 타인에 대한 배려심도 강하다. 이런 직원들을 양성해 함께 일을 한다면 회사의 장기적인 발전에 큰 도움이 될 수가 있다.

당신은 나의
'슈퍼스타'입니다

시티즌M호텔에서는 프런트데스크, 벨보이, 도어맨이라는 명칭 대신 홍보대사를 뜻하는 '앰배서더Ambassador'라는 직함을 쓴다. 미국의 소매점 체인 와와에선 모든 직원을 동료를 뜻하는 '어소시에이트Associate'라고 부른다. 미국의 컨테이너스토어에선 '파트타임 근로자'라는 말이 없다. 대신 가장 바쁜 시간에 일한다는 뜻으로 '프라임타임 근로자'라고 부른다.⁵ 직원을 존중하고 인간다움에 주목하는 회사는 직원을 부르는 호칭부터 신경을 쓴다. 디테일의 차이가 명품을 만든다고 하지 않던가. 스스로가 하는 일에 자부심을 갖도록 해주는 인간적인 배려다.

네패스에도 평사원을 일컫는 명칭이 따로 있다. 바로 '스타님'이다. 일반적으로 평사원을 칭할 때 윗사람이 아랫사람을 부르는 '○○○ 씨'로 통하지만, 네패스에서는 그렇지 않다. 가장 낮은 직급일지라도 당신은 소중하고 존귀한 존재라는 의미에서 '스타님'이라고 호칭한다. 호칭은 상대에 대한 가장 기본적인 배려와 존중으로써 평사원에게 자신감과 자부심을 심어줄 수 있기 때문이다. 또한 잘 모르는 사람이더라도 타인을 슈퍼스타superstar로 대접하라는 의미에서 네패스에서는 서로에게 인사할 때 '슈퍼스타'라는 말을 사용한다. 여기에는 4가지 의미가 있다. ❶ 당신은 신뢰와 존중의 대상이며, ❷ 섬김의 대상이고, ❸ 협력의 대상이며, ❹ 공동체의 일원이라는 의미다.

만약 회사에서 다른 사람들이 나를 이렇게 대해준다면 어떨까? 아마도 저절로 일할 맛이 나지 않을까. 사실 처음 입사한 직원일 경우 매우 낯설어할 때도 있다. 민망하기도 하고 입에 붙지 않아 입 밖으로 잘 나오지 않기도 한다. 그러나 인간은 적응의 동물이라고 어느 순간 자신도 모르게 이미 상대방을 '슈퍼스타'로 부르고 있다. 서로가 서로를 대단한 슈퍼스타로 바라볼 때, 직원들의 자존감은 강화될 것이며, 회사의 발전은 자연스럽게 따라올 것이다.

불평등은 부정적인 의미이지만,
경영의 차원에서 보면 적극적으로
인정해야 할 부분이기도 하다.
이 불평등에
'네이버스 러브'Neighbors love' 가 결합되면
서로를 배려하는 기업문화를
만들 수 있다.

합력이란
무엇인가

'불평등'을 사전에서 찾아보면 '차별이 있어 고르지 아니함'이라고 나온다. 우리 사회에는 불평등이 만연해 이와 관련한 많은 문제들이 산재해 있다. 예전보다 민주주의는 확대됐지만 우리의 삶은 여전히 불평등하다. 가장 핵심적인 문제로 부의 불평등이 갈수록 심각해지는 것을 꼽을 수 있다. 갈수록 상위 1퍼센트 가진 자들에게 부와 권력이 집중되는 현상이 심해지는 것이다. 사회적인 의미에서 불평등은 분명 개선돼야 한다. 그러나 경영 측면에서 불평등을 달리 생각해볼 필요가 있다. 회사 경영에 있어서 또한 직원들 간의 능력에 있어서도 불평등을 새롭게 정의하는 것은 매우 중요한 문제다. 경영자와 직원들이 이 불평등의 문제를 어떻게 생각하고 받아들이느냐에 따라 '사람 간의 협력'에 대한 문제가 좌우되기 때문이다.

우리는
불평등하게 태어난다

'직원들의 능력은 불평등하며, 그것을 인정해야 한다'라고 생각한다. 그것은 경영자는 물론이고 직원들 스스로도 인정을 해야만 한다. 우리는 '불평등'이라는 단어에 매우 민감하고 그것에 대해 부정적으로 여기곤 한다. 하지만 현실은 그렇지 않다. 애초에 우리는 태어날 때부터 불평등하게 태어난다. 부자집에서 태어나는 아이와 가난한 집에서 태어난 아이의 불평등은 그 누구도 어쩔 수 없는 것이다. 안타깝지만 인정을 할 수밖에 없다. 만약 그것을 인정하지 않는다면 우리의 삶은 끊임없는 불평불만에 휩싸일 뿐이다. 나를 태어나게 한 부모를 탓하고, 환경을 탓한다. 그리고 이것은 삶에서 문제가 생길 때마다 끊임없이 반복된다. 사회 구조적인 문제를 외면하라는 것이 아니라 개인이, 사회가 어쩔 수 없는 부분에 대해 계속 불평만 일삼는다면 개인의 발전을 기대하기 힘들다. 타고난 불평등은 인정해야만 불평불만의 악순환을 끊을 수 있다.

또한 사람이 각자 가진 능력도 불평등하다. 어떤 사람은 IQ가 높게 태어나는가 하면 그렇지 않은 사람도 있다. 또 어떤 사람은 EQ가 높게 태어난다. 누군가는 창의적인 능력이 뛰어나고 어떤 사람은 관리 능력이 뛰어날 수도 있다. 이러한 '능력의 불평등'도 분명 현실에 존재한다는 사실을 인정해야 한다.

네이버스 러브를 통한
단결과 협력

네패스는 이러한 직원들 간의 능력의 불평등을 인정한다. 그러나 이를 통해 차별하고 등급을 매기는 것이 아니라 서로를 도와주고 채워주는 '네이버스 러브'를 도입했다. 이는 '각자 서로 다른 능력을 가진 인재를 상호 보완시켜 최고의 회사를 만들겠다'라는 개념이다. 이는 타인의 부족한 면을 봤을 때 사랑으로 도와주고 베푸는 것, 그리고 뛰어나고 좋은 점은 칭찬하고 인정해주는 것, 잘못에 대해서는 책망하는 것이 아니라 용서하는 것을 의미한다. 서로 비교하지 않고 서로를 소중히 여겨 우월감이나 열등감에 빠지지 않음으로써 서로가 하나되는 것을 의미한다.

직원들 간 능력이 불평등하다는 것을 인정하는 것은 차별을 위한 것이 아니다. 오히려 각자가 가진 다른 능력으로 서로를 보완하고 하나로 만들기 위한 4차원 경영의 한 방법이다. '각자의 능력은 불평등하다'라는 전제하에 서로를 도와주고, 채워주고, 용서하고, 멘토링하면 이것은 시기와 질투가 아닌, 협력과 단결을 부른다. 그리고 이러한 불평등은 직원들 스스로도 인정할 수 있도록 해야 한다. 그래야 특정한 능력이 뛰어난 직원은 그것이 부족한 다른 직원을 도와줘야겠다는 마음이 들고, 반대로 그 도움을 받는 직원도 자신의 부족함을 부끄러워하지 않는다. 더불어 도움을 받았던 직원 역시 자신에게 있는 또 다른 분야의 능력으로 그것이 부족한 다른 직원을 지원하고 배려하게 된다.

최고 학벌보다
겸손하고 협력할 줄 아는 인재

'일본전산'이라는 회사는 그 독특한 경영 방침 때문에 한때 큰 화제가 됐다. 이 회사의 나가모리 사장은 '큰 소리로 말하는 사람', '밥 빨리 먹는 사람'을 채용의 기준으로 정했다. 어떻게 보면 참 황당한 기준처럼 보이지만, 1973년 사장을 포함해 단 네 명의 직원으로 시작한 일본전산은 나가모리 사장의 특이한 경영 철학으로 놀라운 발전을 거듭해오고 있다. 이 회사는 매우 탄탄한 것은 물론이고 성장 속도도 매우 빠르다. 포브스에 따르면 나가모리 사장은 일본 부자 순위 6위에

랭크돼 있다.

나가모리 사장은 훌륭한 인재를 뽑아다가 둔재로 만드는 일반 회사의 시스템보다 평범하지만 열정이 있는 사람을 뽑아서 직원이 클 수 있도록 지원을 아끼지 않는 전략을 썼다. 그는 '겸손한 사람, 열정을 가진 사람'을 뽑으면 회사를 위해 열심히 일할 거라고 여겼다. 엘리트 의식에 젖어 있거나 혼자 잘난 체하는 사람들은 오히려 회사에 방해가 된다고 여겼다. 그들은 협력할 줄 모르거나 우월의식 때문에 타인을 무시하고 능력 없는 직원을 괄시할 수 있어 오히려 조직문화가 훼손될 수 있다. 나가모리 사장의 경영 방법은 '최고를 뽑아 최고를 만든다'가 아니라 '협력으로 최고를 만든다'라는 것이다. 결국 모든 것은 직원들이 이뤄낸다. 그들이 서로 마음의 힘을 모을 수 있도록 도와준다면, 그것이 바로 회사를 지속성장시키는 토대가 된다.

직원을 성과로 나누는 시각은
낡고 오래된 것이며,
단합을 방해한다. 직원들 각자는
서로 다른 능력을 가졌기에
그들을 적재적소에 배치해
단합을 이끌어내는 것이
현명하다.

직원 평가의
새로운 시각

오래전 한국의 대표 지성으로 손꼽히는 이어령 전 장관이 쓴 《젊음의 탄생》을 읽고 깜짝 놀란 적이 있다. '책은 도끼다'라는 어느 책 제목처럼 내 인식을 깨트리는 도끼 같은 글을 발견한 것이다. 그는 말했다.

　"모두가 다른 방향으로 달리면 모두가 일등이 될 수 있다. 모두가 넘버원Number one 보다는 온리원Only one의 독창성을 가져야 한다."

　네패스는 남들이 가지 않은 길, 어려워하는 일에 도전해왔다. 네패스가 설립된 배경도 그러하다. 남들이 가지 않는 길을 걸어가는 도전정신으로 반도체와 디스플레이 핵심 전자 재료를 하나씩 국산화시켜 수입에 의존하던 시장을 바꾸며 국내 IT 분야의 부품 소재 산업 발전에 기여해오고 있다. 이 도전정신은 지금까지도 계속 이어져오고 있다. 네패스는 국내에서는 유일하게 FOWLPFan-Out Wafer Level Package를 상용화했을 뿐만 아니라, 최첨단 반도체 패키지 PLP를 세계 첫 사업화하는 데 성공했다. 또한 인간의 두뇌를 모방한 '뉴로모픽 칩'을 업계 최초로 양산을 하고 있다.

　직원을 보는 관점도 이와 같다. 직원들은 각자 고유한 자기만의 능력을 갖고 있다. 어떻게 이를 잘 이끌어내고 적재적소에 배치해 실력을 발휘하게 할 것인가가 조직 운영의 묘다. 회사는 다양한 사람들이 모여 있고 일은 사람이 한다. 아무리 기계화 됐어도 기계를 운영하는 것은 결국 사람이다. 한 사람의 능력과 힘으로 회사가 잘될 수는 없다. 회사를 하나의 공동체로 인식하고 여러 사람의 협력을 통해 일을 진행하면 그 실행력이 매우 높아진다. 이를 '집단 의사결정'이라고 부른다. 직원들은 지시와 명령에 반응하지만, 자신이 직접 참여하지 않는 지시와 명령에는 매우 소홀해지는 경향이 있다. 보다 많은 사람을 참여시켜 집단으로 의사를 결정하게 되면 서로에 대한 이해도도 높아지고, 관심도 많아지게 된다. 결국 서로 배려해줄 수 있는 것을 스스로 챙기게 되고 협업의 의지도 높아진다. 회사를 함께 살아가는 공동체로 여기고 그것을 공동으로 유지해나갈 때, 직원 각자는 그 공동체에 자신의 헌신을 보탤 것이다.

고성과자와 저성과자 분류가 조직에 미치는 영향

그러나 경영자들이 직원들을 판단하는 대체적인 기준은 '일을 하는 능력'이다. 주어진 업무를 얼마나 완벽하게 수행해내는가, 짧은 시간 안에 얼마나 최고 수준의 일을 끝내느냐가 핵심 기준인 경우가 많다. 하지만 직원들을 이런 방식으로만 판단하면 직원들에게 왜곡된 인식을 심어줄 수 있다. 즉, 직원들을 일 잘하는 '고성과자'와 일 못하는 '저성과자'로 분류하게 된다. 고성과자는 높은 보상을 받고, 저성과자는 퇴출 대상이 된다. 이는 경영자 스스로가 직원들을 분열시키는 것이고, 회사 구성원의 마음을 하나로 모으는 데 방해가 된다. 경영자가 보기에 '저성과자'는 회사에서 주도적인 역할을 해서는 안 되는 사람들이기 때문이다. 경영자의 이런 판단은 결국 그들을 열등한 존재로 낙인 찍음으로써 회사의 단결된 힘은 약화될 수밖에 없다. 뿐만 아니라 이는 회사의 창의성에도 문제를 일으킨다. 지난 2010년 미국의 〈포춘〉이 선정한 '세계에서 가장 영리한 50인'에 선정된 사업가 디에고 로드리게스Diego Rodriguez는 이렇게 이야기한다.

"아이디어가 한 사람의 머리에서 나온다는 것은 잘못된 통념이다. 중요한 것은 많은 사람이 기여하도록 유도하는 것이다. 조직의 기본 구조는 중앙 집중적이거나 상명하달식이 아니다. 사람들은 누가 시켜서 일을 하는 것이 아니다. 상호 의존적인 네트워크에 각자 기여함으로써 보상을 받을 수 있다."[6]

결국 직원들이 분열되면 회사의 창의성에도 문제가 생길 수밖에 없다.

**넘버원을 넘어
온리원으로**

무엇보다 '일을 잘한다'라는 기준을 세워놓고 보면 모든 직원들은 베스트Best부터 워스트Worst까지 일렬종대로 세워지게 된다. 그 중에서 최고의 한 명을 제외하고는 모두 점점 더 열등한 존재가 된다. 하지만 이어령 전 장관의 말처럼 '넘버원'이 아닌 '온리원'이라는 기준을 세우면 그때부터는 일렬종대가 무너지고 모든 직원들이 각자의 능력을 지닌 독특한 존재로 우뚝 서게 된다. 이 상태에서는 상대방의 독특함을 내 것으로 만들기 위해 서로 협력하고 소통할 수밖에 없다. 경영자들 역시 직원들의 면면을 잘 파악해 경영의 적재적소에 활용할 수 있다. 이어령 전 장관은 넘버원이 아니라 온리원이 되라는 말을 한 뒤 다음과 같이 마무리한다.

"넘버원이 되지 말고 온리원이 되라. 넘버원이 되기 위해서는 수천, 수만의 사람이 피를 흘려야 되지만 온리원이 되기 위해서는 자기 생명과 존재에 대한 자긍심을 갖고 남이 못하는 자기 일을 해나가면 된다."

개개인은 전체적인 몸의 일부분으로서 각기 별도의 능력을 지니고 있으며, 그 능력이 모두 하나로 조화를 이룰 때 비로소 전체적인 몸을 이룬다. 이런 상황에서 우리는 '손이 우월한가, 발이 우월한가'를 따질 필요가 없다. 개개인은 각자의 달란트^{Talent}를 갖고 있으며 이것이 유기적으로 연합되고 상호 보완되는 의존적인 관계를 맺고 있다. 개개인 모두는 각기 다른 달란트를 가져 각자에게 부여된 임무가 다를 수밖에 없다. 각자에게 부여된 임무는 자기에게 가장 적합한 임무라고 볼 수 있으며, 이것에 대한 각자의 책임이 완수돼야 결국 회사라는 공동체도 번영할 수 있다. 그렇기에 책임완수, 합력, 공동체 정신이 직원 평가 기준이 돼야 한다.

기업의 돈은 총 5가지 종류가 있다.
갚아야 할 돈, 필요한 돈, 나누는 돈,
환원해야 하는 돈, 저축하는 돈이다.
돈을 이렇게 구분해서 관리하면
효율적인 사용은 물론
욕심과 유혹에 휘둘리지 않는다.

돈을
어떻게
관리할
것인가

아무리 경영자가 올바른 생각을 하려고 해도 그것을 결정적으로 방해하는 것이 있다. 바로 '욕심'이다. 일단 한번 욕심에 휘둘리고 비정상적인 생각에 사로잡히면 올바르지 못한 행동을 하게 된다. 경영자를 휘두를 수 있는 가장 결정적인 욕심은 돈 때문에 생겨난다.

이탈리아어로 '페카토 모르탈레$^{Peccato\ mortale}$'라는 말이 있다. 이는 곧 '용서받지 못할 죄'라는 의미다. 첫 번째는 국민의 세금을 낭비한 공직자의 죄다. 두 번째는 이익을 내지 못한 경영자의 죄다. 경영의 유일한 목적이 돈을 버는 것은 아니지만, 돈을 벌어야만 사회에 기여한다는 점에서 반드시 필요한 일이다. 더불어 이 돈이라는 것은 엄청난 힘과 가치를 가지고 있다. 권력자가 힘과 가치를 지닌 권력을 함부로 남용하면 그 스스로도 죽임을 당할 수 있듯이, 경영자가 돈을 제대로 관리하지 못하면 이는 경영 자체를 망치는 일이기도 하다. 그래서 돈은 버는 것도 중요하지만, 어떻게 쓰고 관리하고 나누느냐도 무척 중요하다. 이는 '왜 이익을 내려고 하느냐'라는 목적의식과도 결부가 된다. '오로지 나 혼자 잘 먹고 잘살겠다'라는 생각으로 돈을 버는 사람과 '주변에 선한 행위와 제구실을 다 하기 위해서 돈을 벌겠다'라고 생각하는 것에는 큰 차이가 있다. 더불어 이러한 목적의식에 따라 돈을 관리하는 방법에도 차이가 난다. 전자는 모든 돈을 자신만의 비밀 금고에 꽁꽁 숨겨놓고, 스크루지 영감처럼 타인들에게는 인색하게 굴겠지만, 후자는 공정하고 정확한 방법으로 주변에 분배해 많은 사람의 삶을 윤택하게 만들어준다. 결국 돈을 왜 버는가와 어떻게 관리할 것인가, 그것을 어떻게 쓸 것인가는 하나의 맥락으로 돈에 대한 경영자의 태도와 자세를 결정한다.

돈을 5가지 종류로
나눠 관리하라

경영자는 돈을 총 5가지로 구분하고 관리해야 한다. 첫 번째는 '갚아야 할 돈', 즉 은행이나 지인에게서 빌린 돈이다. 그리고 사회 인프라를 사용한 대가, 즉 세금이다. 두 번째는 '필요한 돈'이다. 생산에 필요한 돈과 일한 데 대한 월급과 보너스, 복리후생비 등이다. 세 번째는 '나누는 돈'이다. 주주들에게 투자한 돈에 대한 주주 배당을 돌려줘야 하며, 직원들에게는 성심껏 일함^{인생투자}에 대한 감사로 종업원 배당을 줘야 한다. 네 번째는 '돕는 돈, 즉 베푸는 돈'이다. 어려운 사람들, 이 사회에서 소외받는 사람들이 필요한 부분을 충족할 수 있게 기부해야 하는 돈이다. 이 돈은 기업의 사명을 완수하는 소중한 돈이다. 네패스 역시 이러한 기부를 공식화하기 위해 'n나눔씨앗'이라는 제도를 운영한다. n나눔씨앗이란 임직원이 내는 기부금만큼 기업에서도 후원금을 내는 제도다. 다섯 번째는 '저축하는 돈'이다. 미래에 생길 비상사태에 대비할 돈이 필요하다.

많은 연구 결과에 따르면 기부는 한 개인의 건강에도 적지 않게 기여한다. 기부를 생각하는 것만으로도 박테리아나 바이러스를 찾아내 무력화하는 단백질이 증가한다. 또한 기부 자체가 면역력을 강화하고 스트레스를 줄여 수명연장으로 연결된다. 더불어 돈의 형태가 아닌 육체적 노동이나 재능으로 기부할 경우에도 스트레스와 관련된 호르몬 분비가 억제된다. 직원들에게 기부를 권장하거나 또는 월급에서 자동적으로 일정 금액을 기부하게 하면 그들의 건강도 챙길 수 있다.

돈을 이렇게 5가지 종류로 나누는 것은 또 한편으로 돈으로 인한 위험에 빠지지 않기 위해서다. 돈이 제대로 관리되지 않으면 욕심을 내게 되고, 유혹당하고, 또 투기하고 싶은 마음이 생긴다. 세금을 빼돌려서 부富를 쌓고 싶은 마음이 들고, 투기에 가까운 투자를 통해서 더 많은 돈을 한꺼번에 벌고 싶은 유혹에 굴복된다. 하지만 이렇게 돈을 종류별로 구분하고 적절하게 관리하면 대박이나 투기에 대한 유혹에서 어느 정도 벗어날 수 있다. 일반적인 재테크에서도 돈을 버는 가장 첫 번째 방법은 '통장 쪼개기'라고 말한다. 이 역시 돈을 종류별로 구분하고 따로따로 관리함으로써 욕심과 유혹에 휘둘리지 않기 위함이다.

《성경》에서는 이와 관련해서 "돈을 사랑하지 말고 있는바를 족한 줄로 알라"고 이야기하면서 자족自足의 정신을 강조하고 있다. 자족하고 경건한 생활을 하면 결코 사람은 타락하지 않는다.

회사의 전 구성원이 한 몸처럼
움직이면서 발전해 나가려면
각자가 맡은 '역할'에 충실해야 한다.
경영자는 경영자의 역할,
직원은 직원의 역할에 충실해야 한다.

경쟁에 대한
새로운
패러다임

흔히들 지금 시대를 '무한 경쟁 시대'라고 표현한다. 우리는 태어나서 죽는 순간까지 수많은 경쟁을 한다. 학교 시험에서 입사, 스포츠 경쟁, 입찰에 이르기까지 다양한 경쟁 속에서 스트레스를 받고 있어 경쟁을 부정적으로 보는 경향이 강하다. 하지만 경쟁은 잘 들여다보면 사회를 발전시키는 필수 원동력이다.

경쟁을 통해 개인은 자신의 능력치를 확인할 수 있으며, 자신의 적성을 찾을 수 있다. 세상에 많은 일 중 자신과 가장 적합한 일자리를 찾음으로써 사회의 주역이 될 수 있다. 경쟁을 통해 우리는 자신이 속한 분야에서 최고가 되고 싶다는 강한 동기를 갖는다. 이를 통해 사람은 더욱 발전하며 사회 또한 번영한다. 그리고 경쟁을 통해 회사는 가성비 높은 제품을 소비자에게 제공하며, 소비자는 경제적 부담을 덜안게 돼 높은 생활수준을 누릴 수 있다.

하지만 과도한 경쟁이 일어날 경우 부작용이 뒤따른다. 경쟁자를 파괴시켜 생계를 이어가지 못하게 방해하는 행위를 하기도 하며, 경쟁에서 이긴 후 교만해지기도 한다. 또한 경쟁 자체에 몰두해 무리하게 일만 해서 가족과 친척, 주변 사람을 잊어버리기도 하며 노동의 열매를 마음껏 즐기는 여유를 스스로 박탈하는 경우도 있다.

《성경》에서는 경쟁할 때 유의할 점에 대해 다음과 같이 말한다. 첫 번째는 상을 받기 위해 이기기를 다투는 자마다 모든 일에 절제한다고 했고(고전 9:25), 두 번째는 경기하는 자가 법대로 경기하지 아니하면 승리자의 관을 얻지 못할 것이라고 했다(딤후 2:5). 즉 올바른 경쟁이란 다른 사람보다 적은 자원을 사용해서 제품과 서비스를 제공하는 것이라고 했다. 그렇게 해야 자원을 다른 경쟁자도 사용할 수 있으며 후대도 오랜 기간 동안 자원을 사용할 수 있다. 자원을 적게 사용하기 위해서 우리는 탐구하는 생활과 일에 대한 열정을 불살라야 한다. 그래야 인간 구실을 할 수 있으며 창조적 경쟁력을 갖출 수 있다.

직원 간 경쟁을 부추겼을 때 일어나는 일

일부 경영자들은 직원들을 서로 경쟁시키면 회사가 더 발전할 것이라고 생각한다. 그래야 더 열심히 일하고, 더 많은 성과를 얻을 수 있다고 여긴다. 하지만 직원들끼리 경쟁했을 때 얻게 되는 최악의 부작용은 협업이 제대로 이뤄지지 않는다는 점이다. 서로 간에 정보를 공유하지 않고, 노하우를 숨기게 되고, 부탁한 일을 매우 느리게 처리한다. 회사 전체적으로는 오히려 더 손해일 수밖에 없다.

4차 산업혁명 시대에 강조되는 키워드 중 하나가 '협업'이다. 각 분야 경계가 사라지고 융합해서 새로운 가치를 만들어내고 있다. 예를 들어 아마존은 지난해 공기청정기 분야에서 한국 1위인 코웨이와 협업하기로 했다. 코웨이의 공기청정기 등에 아마존의 인공지능[AI] '알렉사'를 탑재했다. 고객이 알렉사에게 집 안의 공기 질을 물어보면 알렉사가 코웨이의 공기청정기에서 수집된 데이터를 바탕으로 자세히 설명해주는 시스템이다. 이런 기업의 상품 및 서비스 협업의 예는 쉽게 찾을 수 있다. 협업은 필수 생존전략이 되고 있다. 경영자는 조직 내에서도 팀 간 경쟁, 직원 간 경쟁을 부추기는 것이 아니라 '우리는 하나'라는 인식을 끊임없이 심어줘 시너지를 만들어내야 한다.

격투기 선수의 마음으로
자신의 일을 대하라

타인과의 경쟁으로 감정 소모를 일으키는 일터가 아닌 자신과의 경쟁을 통해 더 성장하는 일터를 만들고, 서로 협업하는 분위기를 조성하기 위해서는 먼저 '각자의 역할'에 충실해야 한다. 서로가 역할을 방기하고 책임을 미루는 상태에서는 결코 회사가 올바로 설 수 없고, 결과적으로 기쁨과 행복도 요원하다.

경영자의 첫 번째 역할은 비전을 설정하는 일이다. 이 비전은 '모두를 한곳으로 바라보게 하는 힘'이다. 또한 이 비전을 최대한 직원들에게 설득해야 하고 이해시켜야만 한다. 그리고 모든 이들이 함께 공유할 수 있을 때, 비전의 기능이 온전히 발휘될 수 있다. 경영자가 해야 할 두 번째 역할은 일관성을 지키는 것이다. 그것이 목표든, 규정이든 한번 정해진 것은 흔들림 없이 진행시켜야 한다. 경영자가 일관성 있는 모습을 보여주지 못하면 직원들도 흔들리게 마련이다. 모두 혼신의 힘을 기울여 한 방향으로 나아가도 모자랄 판에 일관성이 지켜지지 않으면 힘이 분산되는 결과를 낳는다. 경영자가 해야 할 세 번째 역할은 약속을 지키는 일이다. 평범한 일 같지만, 아주 중요하다. 대외적으로는 고객과의 약속, 대내적으로는 직원과 주주들과의 약속을 지켜야 한다. 상황이 달라졌다고 약속을 지키지 않으면 신뢰가 쌓일 수가 없다. 불신과 의혹이 시작되면 경영자는 자신의 자리를 지킬 수 없다.

경영자만 자신의 역할을 해낸다고 회사가 잘 경영되지는 않는다. 직원들 역시 이에 맞게 자신의 역할에 충실해야 한다. 그것은 바로 자신의 능력을 최대한 발휘해서 생산성을 증가시키는 것이다. 회사의 이익이 창출되지 않는 것은 오로지 경영자의 잘못만은 아니다. 직원들 각자가 최대한의 능력을 발휘하지 않으면 아무리 능력이 좋은 경영자라고 하더라도 회사를 제대로 운영할 수 없다. 직원들이 나태한 것은 경영자에게, 그리고 소비자에게 죄를 짓는 것이나 마찬가지라고 생각해야 한다.

자신의 일을 대하는 태도에서도 '격투기 선수가 격투기를 하는 마음'으로 임해야 한다. 이는 일본에서 '경영의 신'으로 불리는 이나모리 가즈오稲盛和夫가 한 말이기도 하다. 그저 여유 있는 마음으로 슬금슬금 일을 하는 방식이 아니라 격렬하게 일과 싸우는 자세를 격투기를 하는 마음에 비유했다. 아무리 쉬워 보이는 일이라고 해도 결코 긴장을 늦추지 않고 맞부딪히는 자세이기도 하다.

마지막으로, 경영자나 직원이나 일을 '신속히' 처리하려는 마음을 가지고 그 역할을 수행해내야 한다. 우리나라 사람들은 그렇지 않아도 '빨리 빨리'의 문화를 가지고 있다. 물론 이것이 단점으로 작용하기도 하지만, 그것은 일을 제대로 처리하지 않고 빨리 할 때 생기는 부작용일 뿐이다. 일에는 묘한 특성이 있어서 하나를 처리해야만 다른 일이 생긴다. 마치 우물 안의 물과 비슷하다. 물을 퍼내지 않으면 새로운 물이 채워지지 않는다. 따라서 일을 신속하고 제대로 처리해냈을 때에 새로운 일이 지속적으로 생긴다.

협업은
필수 생존전략

경쟁보다 협업을 도모하는 분위기를 만드는 데는 '상대방이 요구한 일을 먼저 처리해주기'를 제1 원칙으로 삼는 것이다. 회사는 각자가 맡은 역할만 잘한다고 일이 끝나지 않는다. 서로에게 필요한 역할도 함께 해줘야 한다. 누군가가 나에게 협조를 부탁했다는 것은 그 일을 마무리 하는 데 나의 역할이 필요하다는 의미다. 내가 그 일을 해주지 않으면 상대방은 더 이상의 일을 진행하지 못할 수 있다. 이런 현상이 생기면 조직이 동맥경화에 걸린다.

네패스에는 일을 해서 성과를 낼 수 있도록 '어떻게 말할 것인가'와 '어떤 생활양식을 가진 것인가'에 대한 'n가족 행동규범 10계명'

n가족 행동규범 10계명
01 정직하게 공유하자.
02 겸손하고, 겸손하고, 또 겸손한 자세로 일하자.
03 타 부서 요청 사항을 내 일보다 우선 처리하자.
04 선택의 순간에 나에게 손해되는 쪽을 택하자.
05 혼자 일하지 말고 함께 일하자.
06 일과 쉼의 균형을 유지하자.
07 고객과 동료에게 좋은 것을 인풋Input시키자.
08 감사를 입에 물고 회의하자.
09 노래하며 항상 기쁘게 일하자.
10 독서로 위인을 만나자.

을 만들었다. 행동규범을 만든 이유는 직원들이 이를 확실하게 인식하고 일상에서 실천할 수 있도록 돕기 위해서다. 여기에는 회사 내에서 보고의 방법에서부터 일의 처리 방식, 말하는 방식 등 다양한 행동규범들이 있다. 특히 인사평가제도에서 협업 비중을 70퍼센트로 반영해서 직원을 평가한다.

직원들이 행동규범을 일상 속에서 실천하게 되면 그 자신과 회사의 발전에 좀 더 많은 도움이 될 수 있다고 믿는다. 10가지 행동규범 중에 '타 부서 요청 사항을 내 일보다 우선 처리하자', '혼자 일하지 말고 함께 일하자'가 있다. 10가지가 나름대로 다 중요하지만 협업하는 조직문화를 만드는 데는 이런 마음가짐과 행동규범이 꼭 필요하다.

최 상 의
협 업 하 는
조 직
만 들 기

1998년 미국 하버드 의대 연구팀은 매우 흥미로운 실험 하나를 진행했다. 학생들에게 마더 테레사^{Mother Teresa} 수녀가 인도에서 환자를 돌보며 봉사를 하는 다큐멘터리 영화를 보여준 다음에 인체의 면역항체 수치가 어떻게 변화하는지를 측정해보았다. 그 결과 면역 글로불린의 수치가 무려 50퍼센트나 높아진 것으로 나타났다. 실제 자신이 봉사 활동을 한 것도 아니고 단지 봉사를 하는 영화 속의 모습만 본 것으로 이러한 놀라운 효과가 나타났다. 이후 이러한 현상은 '마더 테레사 효과^{Mother Teresa Effect}'로 불리고 있다. 이후에도 봉사를 즐기고 이를 기꺼이 행복한 마음으로 하는 사람들은 면역수치가 상당히 높다는 것이 여러 의학적 실험 결과로 증명이 되기도 했다.

이와 비슷한 현상으로 '헬퍼스 하이^{Helper's High}'라는 것도 있다. 미국 컬럼비아대학이 3,000명을 대상으로 연구를 진행한 결과 일주일에 8시간 이상 자원봉사를 한 사람의 95퍼센트가 기쁨과 만족감이 최고조에 이르는 현상을 경험했다. 이는 엔도르핀이 평소보다 무려 세 배 이상 증가한 것으로 삶에 활력이 넘치고 긍정적인 정서를 갖게 된다고 한다. 특히 최근 뇌과학의 연구 결과에 따르면 인간이 행복을 느낄 때 활성화되는 뇌 세포 옆에 '감사를 느끼는 세포'가 따로 있다는 것이 발견됐다. 그리고 바로 여기에서 엔도르핀을 자극하는 강렬한 역할을 하게 된다.

직원을 행복하게
몰입시키는 비결

경영과 봉사는 서로 상반된 이념의 영역에 속해 있는 것처럼 보인다. 경영이란 명확하게 '이윤을 남기는 행위'이지만 봉사란 '이윤과는 전혀 상관없는 행위'이기 때문이다. 흔히 기업에서 봉사를 강조하는 것은 기업의 이미지 개선을 위한 경우가 많다. 이것은 소비자를 대상으로 하는 이미지 개선이라는 간접적인 목표를 이루기 위함이다. 하지만 봉사는 그 자체로 경영과 아주 밀접한 연관을 맺고 있다. 봉사와 나눔을 실천하는 직원들은 신체 건강은 물론 정신 건강을 통해 더 효율적으로 일할 수 있고, 스스로에 대한 자존감과 삶에 대한 충만한 행복감을 통해서 더 높은 삶의 질을 누릴 수 있다. 봉사와 나눔이 가져다주는 자존감과 행복감으로 직원들은 더 일에 몰입할 수 있다. 직원들이 긍정적이고 진취적으로 변하며 변화무쌍한 외부 환경 변화에도 여유를 가지고 대처할 수 있다. 게다가 대인 관계에도 시너지 효과가 만들어진다. 그 자신의 마음속 내부에 만족감과 기쁨이 넘치기 때문에 타인의 실수를 관대하게 용서하고 그들이 더욱 발전적인 상태로 전진할 수 있도록 돕게 된다. 이는 상대방에게도 긍정적인 영향을 미쳐 서로 최상의 협업을 할 수 있는 상태를 만들어내는 것이다. 또한 면역수치가 올라가고 엔도르핀이 다량으로 분비되면서 가족과의 관계도 원활해지고 그 결과 직장, 가족, 개인의 삶에 있어서도 전체적인 '삶의 질'이 향상된다.

물론 봉사와 나눔의 가치를 꼭 눈에 보이는 결과로만 산정할 수는 없다. 《성경》에도 "구제할 때 오른손이 하는 것을 왼손이 모르게 하라"는 말이 있듯이, 무엇인가를 기대하거나 남들이 인정해주기를 바라지 않고 하는 봉사야말로 진정으로 값지기 때문이다. 또한 봉사와 나눔은 사회 고위층 인사에게 요구되는 높은 수준의 도덕적 의무인 노블레스 오블리주Noblesse Oblige로 설명되기도 한다. 당장 손에 쥐는 것이 없어도 공생하는 사회를 만들기 위해, 그리고 보다 높은 정신적 성숙과 그것으로 인한 수준 높은 삶을 위해서도 봉사와 나눔은 인간이 행해야 할 필수적인 가치이기 때문이다.

네패스는 2009년 'n나눔씨앗'이라는 펀드를 개설해서 감사 나눔 활동을 벌이고 있다. 이는 일종의 매칭펀드Matching Fund로서 직원들이 자발적으로 모금을 하면 회사에서도 동일한 금액을 기부해 이웃을 돕는 것이다. 전체 직원의 약 80퍼센트가 n나눔씨앗에 참여하고 있을 정도로 그 호응이 뜨겁다. 특히 이 펀드는 대학생들의 장학금으로, 집안이 어려운 환자들의 치료비와 수술비로, 도움이 필요한 이웃들의 생활비로 쓰이고 있다. 가끔 회사 내에서 갑작스럽게 어려운 일을 당한 직원이 생기면 그 후원금으로 사용되기도 한다.

이렇게 실제 펀드를 통한 나눔뿐만 아니라 다소 열악한 환경에서 성장하는 학생들과의 멘토링 교류, 사랑의 책 기부, 사랑의 연탄 배달, 사랑의 김치 배달, 장애아동과의 교류, 양로원 방문, 러브하우스(집 수선) 후원 등 해를 거듭할수록 참가하는 프로그램도 다양해지고 있다.

SUCCESS ATTITUDE 04

4차원 경영의 도구, 말

{ 직원을
움직이는
따뜻한 한마디 }

말은 의사소통의 수단이며 마음의 표현이다. 여기에서 한 걸음 더 나아가 말은 본질적으로 우리가 살아가는 '환경'을 만들어나가는 역할을 한다. 우리는 평소 말의 중요성과 의미를 간과하기 쉽다. 잠시 멈춰 서서 말에 대해 깊이 생각해본 적이 있는가. 경영에서 말은 아주 강한 영향력을 미친다.

　　우선 말을 내뱉으면 그것이 사라진다고 생각하지만 사실 말은 심부름꾼이 돼 시킨 일을 수행하게 된다. 예를 들어 '나는 이제부터 너를 사랑할 거야!'라는 말을 하면 그 말은 내 주변을 돌면서 상대방을 사랑하는 마음을 계속해서 불러일으키고, 또 그 말을 들은 상대방은 '저 사람이 날 사랑해주니까 나는 참 행복하다'라는 기분이 들게 한다. 즉, 한마디의 말이 상대방과 나를 둘러싼 환경을 바꾸는 것이다. 또한 말은 공동체를 하나로 연결시키고 남을 기쁘게 하는 능력도 있다. 좋은 말은 행복한 관계와 삶을 만들어내고 그렇지 않은 말은 질투와 싸움을 부른다. 더불어 선한 말은 치유의 능력까지 있다. 상대방에게 건네는 따뜻한 조언과 위로는 사람의 마음을 치유한다.

　　실제 《물은 답을 알고 있다》의 저자이자 물 파동 전문가인 일본의 에모토 마사루江本勝 박사는 물을 떠넣고 거기에 특정한 단어를 써놓은 메모지를 붙여놓는 실험을 했다. '사랑, 감사', '악마', '천사', '짜증나, 죽어버릴 거야'라는 단어들이었다. 그러자 '사랑, 감사'와 '천사'

라고 써놓은 물의 분자 구조를 분석하자 매우 투명하고 아름다운 모양이 됐다. 하지만 부정적인 말을 써놓은 물의 분자구조는 어둡고 왜곡돼 있으며 균형이 잡혀 있지 않았다.

말의 영향력은 긍정적인 자신을 만들어나가는 매우 중요한 계기가 되기도 한다. 230억 개에 이르는 뇌 세포 중 98퍼센트가 말의 영향을 받는 것은 물론이고, 언어 중추신경이 전반적인 뇌를 지배하고 있다. 즉, 우리의 뇌는 우리가 말하는 대로 움직이며 생각한다. 우리가 만약 긍정적인 환경에 놓인다면 개인의 삶은 물론, 회사의 경영도 성공할 수 있다. 하지만 우리에게 부정적이고 우호적이지 않은 환경에 놓이면 그 안에서 성공의 가능성은 희박해지고 만다.

《성경》은 "무릇 더러운 말은 너희 입밖에도 내지 말고 오직 덕을 세우는 데 소용 되는 대로 선한 말을 하여 듣는 자들에게 은혜를 끼치게 하라"고 명령한다.

그런 점에서 우리는 늘 소망의 말, 환경을 바꾸는 말, 믿음의 말을 해야 하며 감사하고 칭찬하며 축복하는 말을 입에 달고 살아야 한다. 그리고 이런 말들을 꾸준하게 반복했을 때에 실제로 우리는 날마다 새로운 삶의 주인이 된다. 회사에서 하는 말 역시 바꿔어야 한다. 소통의 언어가 달라지면 관계가 달라지고, 관계가 달라지면 회사도 달라지게 마련이다.

말 한마디가 성과를 다르게 하고,
인간관계의 폭을 넓혀
인생의 방향을 좌우하기도 한다.

표현이
달라지면

결과도
달라진다

말은 개인의 삶에서 성과를 창출하고 성공적인 삶을 만들어가는 매우 중요한 요인이다. 사실 말이란 우리가 매일매일 한순간도 쉬지 않고 하기 때문에 그다지 중요하지 않게 여긴다. 하지만 이러한 작고 사소해 보이는 말이야말로 창의성의 가장 기초적인 단위가 되고 성과를 위한 마지막 문턱을 넘게 하는 힘이다.

　시카고의 한 고등학교는 졸업하려면 일정 수의 과목을 통과해야 한다. 통과 못한 과목은 'FAIL' 대신 'NOT YET'이란 학점을 받는다고 한다. '낙제'를 받은 학생은 스스로를 형편없다고 느끼겠지만 '아직'이란 학점을 받은 학생은 자신이 배우는 과정이라고 생각한다. 어떻게 표현하느냐가 얼마나 중요한지 보여준다.

　심리학자 로버트 치알디니[Robert Cialdini]는 상대방에게 사소한 부탁을 할 때 표현의 차이에 따라 반응이 달라진다고 했다. 단순히 "일 좀 도와줄래?"라고 말하지 말고 "10분만 도와줄래?"라고 부탁하면 1시간을 도와달라고 할 때보다 부담이 가벼워져서 상대방이 응할 가능성이 높다는 것이다. 그리고 나서 다시 부탁했을 때 10분이 지났다고 바로 가버리는 사람은 거의 없다고 한다.

성공적인 삶의 씨앗은 곧 창의적인 말에서부터 시작된다. 한 개인이 어떤 방식으로 말을 하고 타인과 대화를 하느냐에 따라서 이미 그 사람의 삶에 성공이 예비돼 있고, 정반대로 실패가 예견될 수도 있다.

더불어 말은 인간관계도 좋게 만들어준다는 점에서 성과를 창출하는 삶의 또 다른 원동력이 된다. 미국 스탠퍼드대 마틴 루프^{Martin Ruef} 교수가 800명에 가까운 경영자들을 조사한바에 따르면, 인간관계가 폭넓은 경영자들이 그렇지 못한 경영자들에 비해 신제품 개발이나 특허 출원 등에서 세 배나 성과가 좋았다. 아름답고 창의적인 말을 하지 못하는 경영자의 인간관계가 좋을 리 없다. 결국 '말-인간관계'라는 가장 기초적인 인생의 자산이 곧 성공을 부른다는 의미이기도 하다.

오늘 하루 어떤 말을 했고, 그 말로 인해 어떤 관계를 만들어왔는지 생각해보자. 어쩌면 동료에게, 직원에게, 가족에게 무심코 했던 말 한마디가 자신도 모르게 상황을 다르게 만들고, 결과의 차이를 만들어냈을지도 모를 일이다.

**직원들이
왁자지껄할수록 좋다**

직원들 간에 서로 말이 많은 것은 무척 좋은 일이다. 그래서 사무 공간도 비교적 대화를 많이 할 수 있는 구조로 만드는 것이 좋다. 무엇보다 직원들이 서로 말을 많이 하면 그 자체가 이미 창의적인 사람이 될 수 있는 기초가 된다. 한국인으로는 세 번째로 미국과학학술원[NAS] 회원에 선임된 서울대 물리천문학부 임지순 교수는 창의적이 되기 위한 하나의 방법으로 '대화'를 꼽는다.

"혼자만의 골방에 들어가서는 안 된다. 다른 사람들과 계속 대화하고 새로운 방법을 찾다 보면 멋진 아이디어가 나오게 된다. 창의성에도 소통이 필요한 것이다. 물론 자신만의 사색도 반드시 필요하다."[7]

대화란 결국 다른 의견, 다른 생각을 하나로 융합해주는 계기다. 직원들이 충분히 대화할 수 있을 때, 그 안에서 창의성의 단초가 마련될 수 있다.

말은 사람의 기분과 감정을
좌우한다. 그래서 회사에서
기분 나쁜 말을 들으면
업무에 지장이 있을 수밖에 없다.
실제 직원들의 **의사소통**을
관리하는 기업은 매출과
수익성이 높은 경향을 보인다.

회사에서
쓰는 말이

경영을
좌우한다

말은 한 사람의 생각과 마음, 심지어 영혼까지 좌우하는 힘이 있다. 말은 그저 귀로 들릴 뿐이지만, 그것이 갖는 영향력은 막강하다. '막말'을 들으면 기분이 불쾌해지고, 감정도 상하게 되면서 관계가 깨지지도 한다. 반대로 행복을 유발하는 긍정적인 말은 사람을 희망차게 만들고 강한 에너지를 만들어낸다. 말은 우리의 감정과 생각을 휘두르는 채찍이자 사랑의 손길이다. 인간의 모든 힘은 마음에서 나오는데 마음은 생각의 밭이다. 그러므로 평소에 마음 밭에 심어놓은 단어와 문장이 말로 표현된다.

《성경》에는 "의논이 없으면 경영이 무너지고 지략이 많으면 경영이 성립하느니라(잠 15:22)"라고 적혀 있다. 의논할 때 진정으로 서로 존중하고, 세워주며, 배려하는 선하고 아름다운 말을 할 때 경영이 튼튼해진다.

대림대학 제갈 정웅 총장이 한 장미 실험을 보면 말이 미치는 영향력을 잘 알 수 있다. '공부 좀 해라'라는 명령어가 장미를 병들고 시들게 한 반면 '감사합니다'라는 말은 그렇지 않았다.

긍정의 말이 미치는 영향을 보여주는 장미 실험

회사에서 많이 쓰는 10가지 말만 바꿨을 뿐인데

네패스에서는 욕설이나 고함을 지양하고 긍정적이고 따뜻한 말을 사용하라고 권장한다. 비단 회사 내에서뿐만 아니라 개인의 삶 속에서도 실천할 수 있어야 한다. 예를 들어 네패스에서는 문제점이라는 단어를 사용하지 않는다. 우리가 한 번 더 성장할 수 있는 기회로 인식될 수 있게 문제점 대신 OFI^{Opportunity for Improvement}라는 단어를 사용한다.

또한 긍정 언어 워크숍을 연다. 말의 기술만 익혀서는 말을 건강하게 변화시킬 수 없기에 워크숍은 말의 기술적 측면과 더불어 감정 기반 대화법도 같이 진행된다. 직원들이 스스로 What/Why/How 관점에서 긍정 커뮤니케이션에 대해 함께 토론하고 발표하며 대화에서 진짜 중요한 부분은 기술이 아닌 감정 관리임을 깨닫는 계기가 되곤 한다. 긍정 언어 워크숍에 참여한 직원들은 "말하기 전에 한 번 더 고민하는 습관이 생겼다", "윽박지르는 말이 사람을 움직이게 할 것 같지만 진정 사람을 움직이는 것은 진정성 있는 긍정의 언어라는 것을 다시 한 번 느꼈다", "리더로서 내면을 다듬어가야겠다", "일상과 업무의 관계에 많은 도움이 됐다" 등 다양한 반응을 드러냈다.

또한 사내에서 가장 많이 쓰는 10가지 말을 선정해 긍정의 말로 바꿔나가고 있다. 예를 들어 "일단 시키는 대로 해!"라는 말 대신에 "이렇게 하면 어떨까요?"를 사용하고 "뭐가 문젠데?"라는 말 대신에 "개선할 점은 무엇인지 이야기해주세요"라는 말을 쓴다. 그리고 "보고해"라는 권위적인 어투는 "공유해주세요"라는 다소 평등한 말로 바꿔서 사용하게 한다. 서로 존중하고 평등한 의사소통이 관계를 개선시키고, 협업의 가능성을 높이며, 말로 인한 상처를 예방한다.

특히 명령어는 상대방을 상자 속에 가둬 창의성 발현을 할 수 없게 한다. 사람은 태어날 때부터 무한한 잠재력을 가지고 태어나는데 그런 사람에게 명령을 하면 시키는 대로 하는 수동적인 사람이 돼버린다. 그러면 창의력을 극도로 제한하는 결과를 초래한다.

사람은 감정에 많이 좌우되는 존재다. 그리고 그 사람의 감정을 가장 확실하고 빠르게 변화시키는 것이 말이다. 그래서 보다 효율적인 경영을 원하는 경영자라면, 분명 직원들의 말과 의사소통의 방법을 계속 고심해야 한다.

업무 구분	Don't	Do
Plan	일단 시키는 대로 해! 언제까지 할 거야? 뭐가 문젠데?	이렇게 하면 어떨까요? 이때까지 하려면 내가 무엇을 도와줄까요? 어려운 점이 무엇인지 이야기해주세요.
Do	보고해! 빨리해! 그것 밖에 못해?	공유해주세요. 우선적으로 처리하기 위해 무엇을 도와줄까요? 더 잘할 수 있을 테니 침착하게 다시 해보세요.
See	A프로젝트 어떻게 됐어? 왜? 아직 안 됐어? 일을 왜 이렇게 하지? 그것도 몰라? 다시 해!	A프로젝트는 어떻게 진행되고 있나요? 무엇이 문제인가요? 같이 해봅시다. 그렇게 해도 되겠지만, 이렇게 해보면 어떨까요? 다르게 생각해봅시다. 더 좋은 방법이 있을 거예요.

말을 바꿔
기업문화를 바꾸는 전략

회사라는 곳은 끊임없이 말이 오가는 공간이다. 아침 출근 인사에 서부터 수많은 회의, 대화, 제안, 조언이 이뤄지고 명령과 지시, 질타 가 이어지기도 한다. 그러니 회사만큼이나 말을 많이 하고 또 그것이 중요한 곳도 없을 것이다. 일찍이 이를 간파했던 사람이 미국의 경영 학자 피터 드러커였다. 그는 "인간에게 가장 중요한 능력은 자기표현 이고 경영이나 관리는 의사소통에 좌우된다"라고 말했다.

이는 한 개인의 통찰에 불과한 것이 아니라 실질적인 연구 결과에서도 나타난다. 글로벌 인사조직 컨설팅사인 윌리스 타워스 왓슨^{Willis} ^{Towers Watson}은 2년마다 전 세계 264개 기업들의 커뮤니케이션 역량을 진단, 분석하고 있다. 그리고 다시 각 기업의 재무상황, 브랜드의 혁신 정도 등을 분석해 둘 사이의 관계를 매칭했다. 그 결과 피터 드러커의 통찰이 사실로 드러났다. 커뮤니케이션 역량이 뛰어난 기업일수록 기업 경영 성과도 역시 높았던 것이다. 이러한 기업들의 특징 중에는 다음과 같은 것들이 있었다. ❶ 관리자들이 효과적으로 의사소통할 수 있도록 지원한다, ❷ 직원을 몰입시킬 수 있는 의사소통 프로그램이 일상화돼 있다, ❸ 의사소통을 통해 조직의 변화를 효과적으로 관리한다 등이다. 결국 기업이 얼마나 직원들의 의사소통에 관여하느냐에 따라서 기업의 경영 성과가 달라진다는 말이다.[8]

실제 우리나라 회사 중에서도 '존댓말 경영'이라는 이색적인 관리 방법을 통해 경영 성과를 높이는 기업이 있다. 국내 최대 인쇄출판 업체인 타라그룹에서는 생산 현장에서 지위고하에 상관없이 무조건 존 댓말을 쓰도록 했다. 타라그룹의 강경중 회장은 이렇게 말한다.

"회사가 성장하려면 직원들이 가진 아이디어가 물 흐르듯 자연스럽게 나와야 하는데 억압적 수직 구조로는 어렵다고 판단했다. 서로 자존감을 갖도록 배려하는 수평적 문화의 출발이 존댓말 사용이다."

강 회장은 말이 가진 힘과 그것이 구체적인 의사소통에서 어떤 영향력을 행사하는지를 잘 간파한 사람일 것이다.

회사 내에서 행해지는 말과 의사소통을 바꾸는 이유는 사실 궁극적으로 회사의 문화를 바꾸기 위해서다. 위압적이고 권위적인 문화를 바꿔서 창의성이 넘치도록 하고, 서로 존중하는 문화를 만들어 협업을 더욱 강화하려는 것이다. 그런 점에서 또 하나 짚고 넘어가야 할 것은 그 모든 말을 하는 데 있어서 '진심'이 담겨 있어야 한다는 점이다.

앞에서 "보고해!"라는 말 대신에 "공유해주세요"라는 말이 더 좋다고 했다. 하지만 이 "공유해주세요"라는 말에 상호 존중의 진심이 담겨 있지 않고 그냥 한숨을 쉬듯이 "공유해주세요"라고 말하면 어떨까? 그것은 '아직도 공유하지 않았니?'라는 또 다른 비난과 질투의 의미가 된다. 문장만 바꿨을 뿐 제대로 된 의사소통을 하는 것이 아니다. 사내 의사소통의 방식을 바꿀 때에는 직원들이 이러한 문화의 변화에 대한 의미를 알아야 하고, 그에 따라 진심이 담긴 말을 하도록 교육해야만 한다.

직원들 간에 눈에 보이지 않는
갈등이 시작되면 그것이
회사 전체로 확산될 때가 있다.
심한 경우 '정치적 라인'이 형성된다.
이를 예방하려면 **'관계의 질'**을
개선하는 것이 현명한 방법이다.

직원들 간의
갈등을
관리하는

칭찬의 말

조직의 유지와 발전을 위한 핵심 키워드 중 하나가 바로 '갈등 관리'다. 갈등 관리가 제대로 되지 않으면 조직의 생명력이 그 심층부터 와해된다. 두 명 사이의 반목이 팀 단위의 반목으로 이어지고 더불어 사내에서 '정치적 라인'이 형성되고, 조직문화 자체가 갈등을 통제하지 못하는 수준으로까지 발전될 수 있다.

　갈등이 품고 있는 가장 심각한 문제 중 하나는 그것이 아주 빠르게 확산된다는 점이다. 때로 갈등이란 그저 '봉합'되는 것처럼 보이기도 하고, 겉으로 요동치지 않는다면 '시간이 해결해주겠지'라고 생각할 수도 있다. 그러나 갈등의 본질을 알게 되면 이러한 생각은 매우 순진하다는 사실을 곧 깨달을 수 있다. 갈등은 시간이 흐를수록 앙금이 남아 더 큰 균열을 일으키고 주변 사람들을 감염시킨다. 그 결과 애초에는 관련이 없던 사람들마저 그 갈등에 동참하도록 만드는 특성을 지니고 있기 때문에 《성경》에서는 "분을 내어도 죄를 짓지 말며 해가 지도록 분을 품지 말고" 빨리 갈등을 해결하도록 명령하고 있다.

　갈등이란 우선 사람들의 '방어기제'와 결합함으로써 점점 더 상대에게 강력한 공격을 감행하게 된다. 사람은 누군가로부터 공격을 받으면 그것을 순순히 인정하기보다 자신의 정당성을 주장하기 위해 본능적이면서도 또 다른 공격적인 행동을 하게 마련이다. 바로 '역공'이다. 심리적으로는 자기 자신을 보호하기 위한 '방어기제'라고 일컬어진다. 또한 '상대방에게 져서는 안 된다'라는 승부욕이 발동하기 시작하면 이러한 방어기제는 더욱 강하게 작용한다. 하지만 이러한 역공을 당하는 사람 역시 똑같은 본능과 심리를 가지고 있는 사람이다. 결국 갈등이 역공과 방어기제와 뒤엉키면서 점점 더 그 골이 깊어진다. 만약 갈등이 이 순간에 특정한 방법으로 관리되지 않는다면 그 결론은 파국뿐이다.

기업 생산성에 영향을 미치는 갈등 관리

조직에 막대한 영향을 미치는 갈등 관리를 위해서 경영자는 사력을 다해야 한다. 이를 해결하기 위해 구글 역시 '프로젝트 옥시젠Project Oxyzen'이라는 인간 분석 프로젝트를 진행한다. 구글은 '우리 구글의 미래를 위해 차세대 검색엔진 알고리즘을 만드는 것보다 더욱 중요한 것은 바로 좋은 보스를 길러내는 방법이다. 좋은 보스는 회사의 성과를 높일 뿐만 아니라 부하들을 행복하게 한다'라고 판단한다. 조직 내 갈등의 해결은 다양한 방법에서 가능하다. 시스템적으로 갈등의 해결 구조를 만들 수도 있고, 멘토 제도를 통해서 맞춤형으로 고민을 상담

해줄 수도 있다. 또한 직원들이 단결할 수 있는 친밀한 자리를 자주 마련하는 것도 방법이다. 하지만 가장 근원적인 방법은 바로 '사람과 사람 사이의 관계의 질$^{Quality of Relationship}$'을 높이는 것이다. 이는 부모와 자녀의 관계를 생각하면 쉽다. 서로를 생각하고 배려하는 부모와 자녀 사이에는 비록 갈등이 생기더라도 원만하게 해결해나가는 방법을 쉽게 찾아가는 반면, 그렇지 못한 관계에서는 훨씬 가벼운 문제로도 쉽게 충돌해 심각한 상황을 부른다. 사람과 사람 사이의 기본 토대인 관계의 질이 좋아지면 갈등에 대처하는 보다 현명한 방법이 생겨나는 것은 당연하다.

한번 관계의 질이 좋아지면 이는 전반적인 기업의 생산성에도 상당한 영향을 미친다. 미국 저가 항공의 신화를 쓴 사우스웨스트 항공사의 허브 켈러허$^{Herb Kelleher}$ CEO는 이러한 관계의 질을 향상 시키는 데 큰 노력을 기울여왔던 인물이다. 많은 이들이 이 항공사의 높은 성장과 직원들의 단결력을 궁금해했고, 이를 위한 한 연구의 방법으로 켈러허가 복도를 걷는 장면을 촬영해서 분석한 적이 있었다. 그는 직원, 고객들에게 끊임없이 감사의 말을 전하는 것은 물론이고 미소를 보이고, 먼저 악수를 청하고 따뜻하게 포옹을 했다. 직원들은 정말 진심으로 '우리는 켈러허를 가족으로 생각한다'라고 말할 정도였다. 상사의 감사와 칭찬, 먼저 다가서고자 하는 다양한 행동은 바로 가장 근원적인 '관계의 질'을 개선하는 최선의 방법이다.

일반 평사원들은 위에서 시키는 대로 일하는 경향이 크다. 상위 직급자를 만날 기회가 적을뿐더러 본인의 목소리를 낼 기회도 적기 때문이다. 그래서 회사가 왜 이 사업을 해야만 하는지, 왜 일처리를 이렇게 해야 하는지 등에 관해 온전히 이해하기가 어렵다. 네패스에서는 여기서 오는 갈등을 예방하기 위해 평소 사원이나 대리급에서 만날 기회가 적은 사업부장들과 만나는 '주니어 보드'를 운영하고 있다. 이 시간에는 딱딱하게 회의실에서 프로젝터를 사용하는 것이 아니라 티타임 형식으로 부드러운 분위기를 조성해 자유롭게 이야기를 나눈다. 사업부장은 회사의 주요 안건에 대해 설명해주고 조직원들의 생각과 불합리한 요소에 대해 경청하면서 상호 의사소통 하고 있다.

관리 및 조직 개발 분야에서 국제적으로 인정받는 컨설턴트이자 교수인 필립 헌스커Phillip Hunsaker는 '서로 간에 발전적인 피드백이 담긴 말을 주고받으면 행동을 변화시킬 수 있다'라고 말한다. 이것은 누군가를 패배자로 만듦으로써 자신이 승리자가 되는 제로섬 게임이 아니라, 나와 상대가 모두 이기는 윈-윈 게임이다. 사보나 사내 인트라넷을 활용해 정기적으로 서로에게 긍정적인 피드백의 말을 할 수 있도록 하고, 이것이 기업의 문화로 정착되면 직원들은 보다 협력적인 태도로 일을 할 수 있다.

회사 내의 **비인격적인 대우**에
대한 문제는 단순히 기업문화에
그치지 않는다.
그것은 회사에 실질적인
손해를 입히고,
직원들의 인생을 망가뜨린다.

조직을
파괴하는
무례한
언행

《무례함의 비용》을 펴낸 조지타운대 MBA 크리스틴 포래스^{Christine} ^{Porath} 교수는 구글, 마이크로소프트, UN, 세계은행 등 수백 곳의 기업과 조직을 컨설팅하며 만난 2만 명의 직장인을 분석했다. 그 결과 무례한 언행에 시달린 사람들은 걱정하느라 시간을 허비하고, 고의로 일을 하지 않으며, 실적이 하락하고, 다른 사람에게 화풀이를 하고, 심지어 사표를 던지기도 했다. 그녀는 "무례한 사람은 바이러스처럼 사람과 조직을 파괴한다. 반면 뛰어난 성취를 이뤄낸 사람들에게 공통적으로 발견되는 성공 요인은 정중한 태도였다"라고 말한다.

요즘 유행어처럼 번지는 말에 '갑질'이 있다. 갑을관계에서 높은 지위에 있는 갑이 을에게 부조리한 짓을 저지르는 경우를 일컫는 신조어다. 우리 사회는 이러한 갑질 사례가 차고 넘친다.

비인격적 대우가
회사에 입히는 손실

인류의 역사에 상업이라는 것이 생기기 시작하면서 사람과 사람의 관계에도 변화가 일어나기 시작했다. 누군가는 관계에서 우위를 점하게 되고, 또 누군가는 그 사람의 밑에서 일을 하게 됐다. 예전에는 '주인과 노예'의 관계가 있었다. 노예들은 겨우 먹고살만 한 대우를 받으면서 주인을 위해 열심히 일해야 했다. 이때의 노예들은 물건이나 짐승과 크게 다르지 않았다. 때리면 맞아야 하고, 팔면 팔려가야 했다. 그 이후에는 '상전과 하인'이 있었다. 이때 하인들은 노예만큼 비인격적인 대우를 받지는 않았지만, 그럼에도 상전을 거스르는 일은 있을 수 없었다. 현대적 의미의 기업이 생긴 후에는 이러한 관계가 '상사와 부하' 또는 '경영자와 부하'로 옮겨왔다. 물론 이는 훨씬 인격적인 관계이기는 하지만, 여전히 주인과 노예, 상전과 하인의 색채가 깊게 배어 있다. 부하는 상사의 눈치를 봐야 하고, 그 사람의 명령을 거스르지 않기 위해서 아부하기도 한다. 심지어는 때려도 맞고 있어야 하는 경우도 있다.

사실 오늘날 회사에서 경영자와 직원의 관계는 엄밀히 말하면 '계약 관계'일 뿐이다. 서로 합의한 내용을 지키며 필요한 것을 주고받는 매우 민주적인 관계다. 하지만 지금 우리 경영의 현장에서는 엄밀한 의미의 '계약 관계'가 잘 지켜지고 있을까? 말은 고용주와 고용인이지만, 실제로는 상전과 하인과 크게 다를 바 없다.

비인격적인 대우는 직원들의 성과 달성을 가로막고, 업무에도 몰입하지 못하게 만든다. 실제로 한 글로벌 컨설팅 회사가 우리나라 직장인들의 업무 몰입도를 조사한 적이 있었다. 그 결과 전체 1,000명 중에 오직 6퍼센트만 업무에 몰입하고 있었다. 이는 전 세계적인 조사에서 21퍼센트가 업무에 몰입하는 것에 비해 현저히 낮은 수치다. 직원들이 이렇게 업무에 몰입하지 못하는 가장 큰 이유는 바로 상사의 부정적인 말과 비인격적인 행동에 있었다. 그리고 이것은 현실에서의 손실로 나타난다. 미국 직장인의 13퍼센트가 상사로부터 비인격적인 행동을 당했고, 그 결과 손실로 나타난 금액이 무려 238억 달러에 달한다고 한다.[9]

지속성장이 불가능한
블랙 기업

회사는 모두가 평등하고 존중받는 상태에서 함께 일을 하는 곳이지 결코 모멸감을 느끼고 모욕감을 주는 곳이 아니다. 서로 충분히 존중받는 인격체로 교류해야 하며, 내가 중요한 만큼 다른 사람도 중요하다는 생각을 가져야 한다.

하지만 이런 기업문화를 만들기 위해서는 경영자의 태도가 매우 중요하다. 많은 경우 경영자가 '단기적인 성과'를 강조하면 이러한 비인격적 문화가 양산된다. 너무 급하게, 너무 많은 성과를 추구하다 보면 부장은 차장을, 차장은 평사원을 압박하기 위해서 비인격적인 대우를 하게 된다. 욕설을 듣거나 인격적인 비하를 하면 이것을 두려워한 아랫사람들이 더 열심히 뛸 것이라고 믿는다. 그러나 이러한 행동들은 단지 부정적인 기업문화를 넘어서 한 인간의 삶을 파괴할 뿐이다. 마음은 피폐해지고 사람들이 미워지고, 스트레스를 받아 몸도 상하게 된다. 화가 나면 몸의 온도가 내려간다. 더구나 사표를 쓰게 만들어 안정적인 인력 운용조차 힘들어진다. 수평적이고 인격적인 말과 대우, 그것이 곧 행복한 회사, 성과가 높은 회사를 만드는 지름길이다.

지난 2016년 한 취업포털사이트가 구직자 971명을 대상으로 '입사하고 싶지 않은 블랙^{Black} 기업'에 대한 설문조사를 실시한 적이 있었다. 그 중 1위를 차지한 것이 바로 '비인격적인 대우가 만연한 기업' 이었다. 이러한 기업에 대해서는 응답자의 90퍼센트가 입사하지 않는다고 대답했다. 회사 내에서 인격적 교류가 일어나지 않는 기업은 이렇게 새로운 인력을 채용하는 것 자체에서도 문제가 생긴다는 이야기다. 하지만 이러한 비인격적인 대우를 하는 기업임에도 불구하고 '입사하겠다'라고 한 대답도 한번 살펴볼 필요가 있다. 그 이유는 '취업이 어려워서, 당장 돈을 벌어야 하기 때문에, 경력을 쌓고 이직하기 위해서'가 대부분을 차지했다. 그렇다면 과연 이런 이유 때문에 입사한 직원들이 제대로 일할 수 있을까? 아마도 그런 기대를 하는 것은 매우 힘들 것이다. 결국 직원을 인격적으로 대우하지 않는 기업은 이중고를 겪을 수밖에 없다. 새로운 인력의 채용도 어렵고 기껏 채용한 인력도 열정과 도전정신보다는 월급이나 받고 이직할 생각으로 바쁘기 때문이다. 이런 직원이 많은 회사가 지속성장한다는 것은 어불성설이다.

경영은 직원의 마음을 모으는
'합력合力'이다.
천재들이 모인 나사Nasa 역시
이 합력에 실패함으로써
프로젝트마저 실패한 경우가 있다.
일방적 명령과 지시에서 벗어나라.

말에 대한
경청과
존중의 결과

나사^{Nasa}는 전 세계에서 매우 뛰어난 천재들이 입사해 수많은 프로젝트가 진행되는 곳이다. 그들의 프로젝트는 흔히 '인간의 한계에서 할 수 있는 최고 수준'이라는 평가를 받기도 한다. 그런데 이러한 나사에서도 가끔 예상치 못한 실수를 할 때가 있다. 이러한 실수는 직원들이 가진 성향과 지성을 합력하지 못했을 때 생겨난다.

'허블 우주 망원경 프로젝트'는 무려 15년이나 진행된 장기 프로젝트였다. 이름 그대로 허블 망원경을 우주에 띄우는 프로젝트다. 오랜 시간 많은 인재들이 투입돼 공을 쏟았지만 최종적으로 이 사업은 실패로 돌아갔다.

그 원인을 조사한 위원회의 결론에 따르면 문제의 원인은 2가지였다. 첫 번째는 직원들이 지나치게 자신의 일에만 집중했기 때문에 주변의 상황을 관리하지 못했다는 것이고, 두 번째는 상대방의 의견을 제대로 받아들이지 않았다는 점이다. 나사는 이후 이러한 문제를 예방하기 위해 '4-D 시스템'을 마련했다. 여기에는 ❶ 모두가 존중받는다고 느끼게 만드는 분위기를 만들고, ❷ 사람들의 의견을 중요하게 여기는 기업문화를 만드는 것이 포함돼 있다. 이는 곧 합력의 과정이라고 할 수 있다.

경영자는 직원들의 마음을 모아 행동을 단결시키고 공동의 목표를 향해 전진할 수 있도록 해야 한다. 기본적으로 회사란 다수의 사람들이 공통의 목표를 향해 노력하는 곳이다. 문제는 그 사람의 성향과 능력이 전부 다르다는 점이다. 경영자는 그들의 마음을 하나로 합치는 것, 즉 '합력'의 능력을 갖춰야만 한다. 이 힘이 얼마나 강하냐에 따라서 회사의 발전 속도와 방향성이 결정된다.

월급만으로는
안 된다

경영자가 회사에서 해야 할 역할에는 여러 가지가 있을 것이다. 비전을 설정하고 목표를 달성하기 위한 의사결정을 내리는 등 한두 가지가 아니다. 그 중 중요한 일 중 하나가 일방적 명령과 지시에서 벗어나 직원들이 존중받고 행복감을 느끼면서 하나가 되도록 만드는 것이라고 생각한다. 물론 모든 기업에는 기본적으로 합력을 위한 장치가 있기는 하다. 월급이 바로 그것이다. 직원을 채용해 돈을 주면서 그들이 힘을 발휘할 수 있도록 하고 이를 통해 회사를 전진시키는 방식이다. 하지만 오로지 돈에 의한 합력은 지속성을 갖지 못한다. 그 합력의 수준은 낮을 수밖에 없다. 오로지 월급만으로는 진심과 열정을 끌어내기 힘들기 때문이다.

합력을 위해 경영자는 직원들의 말을 충분히 경청해야 하고, 그들을 진심으로 존중해야 한다. 더불어 사소하지만 반드시 피드백을 해주는 것도 중요하다. 물론 그것이 실제 반영이 되느냐 안 되느냐의 문제는 2차적이다. 직원들은 경영자가 자신의 말을 들어준다는 사실 자체에서 의미를 느낀다. 합력은 바로 이러한 가장 기초적인 말과 경청에서부터 시작한다. 이병철 삼성 초대 회장이 이건희 회장에게 가업을 물려줄 때, '경청'이라는 단어를 붓글씨로 적어 물려줬다는 일화가 있다. 이후 경청은 이건희 회장의 좌우명이 됐다. 다른 사람의 말을 귀 기울여 듣는 태도는 말하는 것 못지않게 중요하다.

사실 직원들은 모든 준비가 돼 있는 사람이다. 자신의 일터에서 행복을 찾고 싶어 하고, 일에서 가치를 찾고, 사람들과 즐겁게 협업하고 싶어 한다. 경영자는 그런 준비된 직원들의 자세에 동참만 해주면 된다. 직원들의 합력이 제대로 되고 있는 것을 끊임없이 관찰하고 그렇게 되기를 노력하는 자세, 바로 이것이 경영자가 가져야 할 가장 근본 태도다.

직원들이 서로의 의견을 개진하고 협력하는 것은 좋지만, 그렇다고 모든 갈등을 다 죄악시할 필요는 없다. 심리학 전문가들에 의하면 갈등은 크게 2가지로 나뉜다. 하나는 서로의 생각이나 관점이 달라서 생기는 '인지적 갈등'이고 또 하나는 기분이 상하는 '감정적 갈등'이다. 인지적 갈등은 서로의 의견을 교환하고 이해하려고 노력함으로써 충분히 해결 가능하다. 더 나아가 오히려 문제가 되는 사안을 보다 수준 높은 차원으로 바라볼 수 있는 여러 생각의 교환을 가능하게 한다. 하지만 이것이 제대로 관리되지 않을 때 인지적 갈등은 결국 감정적 갈등으로 발전하면서 조직의 발전을 저해한다. 경영자 역시 특정한 문제에 대해 감정을 드러내기보다는 인지적 차원에서 직원들과 의견을 교환하는 습관을 가질 필요가 있다.

말의 제어

어떻게 하면 사람을 세우는 창조적이고, 선한 말만 할 수 있을까? 인간의 뇌를 구성하는 230억 개의 뇌 세포 중 98%가 말의 영향을 받는다고 한다. 언어 중추 신경이 다른 뇌를 지배하는 것이다. 말하는 대로 우리 몸은 움직이려 준비하고 활동한다. 우리의 현재 모습은 우리가 과거에 말한 대로 살고 있는 것이다. 그래서 지금 내가 어떤 말을 사용하는지가 중요하다. 우선은 생활 속에서 좋은 말, 영감 있는 말을 찾는 것이다. 그런데 이것은 그냥 찾아지는 것이 아니고, 훈련이 필요하다. 평소에 좋은 책을 읽고, 긍정의 생각을 자주 하는 훈련을 해야 한다. 이 훈련이 누적되면 나도 모르게 좋은 말을 하게 된다. 그러면 좋은 말이 생활화된다. 이것이 생활화되면 우리는 날마다 변화돼 열매를 만들어내는 변화의 주인공이 된다. 《성경》에도 "혀는 곧 불이요. 불의의 세계라. 혀는 우리 지체 중에서 온 몸을 더럽히고 삶의 수레바퀴를 불사른다"라고 강조하면서, 말에 실수가 없도록 하라고 권면한다.

스마트폰 없이
생활하기 힘든 젊은 세대를
'포노 사피엔스 Phono Sapiens'라고
일컫는다. 이런 새로운 인류를
'골칫덩이'로만 치부해서는
효과적인 경영을 할 수 없다.

포노 사피엔스 시대,
새로운 의사소통의
필요성

요즘 스마트폰 없는 사람은 찾아보기 힘들다. 다들 한 손에는 스마트폰을 들고 생활한다. 스마트폰 없이는 생활하기 힘든 요즘 젊은 세대를 일컬어 '포노 사피엔스'라는 신조어까지 탄생했다.

영국의 경제주간지 〈이코노미스트〉가 '지혜 있는 인간'이라는 의미의 호모 사피엔스$^{Homo\ Sapiens}$에 빗대어 부른 데서 비롯됐다. 이들 세대는 생활의 많은 부분을 스마트폰을 통해 해결한다. 의사소통과 쇼핑은 기본이고, 택시 등의 이동수단과 주택의 선택, 지식과 정보의 습득, 새로운 친구를 사귀는 것도 스마트폰으로 한다. 어떻게 보면 이들은 스마트폰에 '의존'하는 것이 아니라 차라리 스마트폰과 '함께' 생활한다고 해도 과언이 아니다.

중요한 것은 그들의 생활방식이 기존의 세대와 다르기 때문에 가치관마저 달라졌다는 점이다. 그들은 빠르고 즉각적인 것을 선호하고 상호교류를 매우 중요하게 생각한다. 또한 자기주장이 강하고, 특정한 것에 꽂히면 '덕후'가 되는 것도 마다하지 않을 정도로 열정적이기도 하다.

이렇게 너무나 다른 가치관과 생활양식을 가진 젊은 세대들이 회사에 들어왔을 때 기성세대와 충돌이 생기게 된다. 개개인이 지닌 힘이 하나로 모아지는 데 어려움을 겪는다. 많은 기성세대들은 이들을 '골 칫덩이'라고 말하기를 서슴지 않지만, 그들의 힘을 하나로 모으지 않으면 기업 경영에도 어려움이 생길 수밖에 없다.

미들-업-다운으로의
새로운 진화

최근 국내의 한 대기업에서 20~30대 직장인들에게 '직장생활에서 가장 중요하게 생각하는 것이 무엇인가?'라는 질문을 한 적이 있었다. 그 결과 꽤 의외의 대답이 나왔다. '성과 창출'이나 '효율적인 업무' 등의 답이 나올 것이라 예상했는데, 실제 1위로 나온 대답은 '상사' (34.9퍼센트)였다.[10] 결국 젊은 세대와 함께 가치관을 공유하고 효율적으로 업무를 하기 위해서는 그만큼 직속 상사의 역할이 중요하다는 점을 시사한다. 또한 직속 상사라면 그다지 나이 차이가 많이 나지 않기에 그들과 어느 정도의 동질성을 가질 수 있다. 결국 그들의 직속 상사를 어떻게 '포노 사피엔스 프렌들리Friendly'하게 키우느냐가 곧 회사의 미래를 변화시킬 것이다.

포노 사피엔스를 제대로 파악하기 위해서는 진화생물학에 등장하는 '기대되는 괴물Hopeful Monster'이라는 개념이 필요하다. 이들은 외부에서 전해지는 어떤 급격한 변화의 과정에서 마치 돌연변이처럼 보이기도 한다. 하지만 오히려 시대의 흐름이 반영된 새로운 종種의 탄생으로 봐야 한다. 그들의 등장으로 인한 새로움과 낯설음이 종국에는 대세가 돼 사회를 변화시킬 것이기 때문이다.

경영자들 모임에 가보면 경영자들의 관심이 이들의 새로운 능력을 어떻게 활용할 것인지에 쏠려 있음을 발견할 수 있다. 외부의 충격파가 없는 상황에서 사회와 조직은 변화의 계기를 얻지 못하고 정체되게 마련이다. 하지만 포노 사피엔스라는 이 '기대되는 괴물'의 등장은 기존의 질서를 바꾸고 새로운 패러다임을 요구하고 있다. 그리고 이러한 변화의 흐름을 잘 받아들이면 이것이 곧 회사의 새로운 전진에 동력이 돼줄 것이다.

포노 사피엔스와 기성세대의 융합을 위해서는 기존의 회사 시스템으로는 부족하다. 과거처럼 일방적인 탑-다운Top-down 방식의 업무 방식에서 완전히 벗어나야 한다. 포노 사피엔스는 그러한 일의 방식을 이해하지 못하고 심지어 불합리하다고 생각한다. 아무리 큰 보상이 있어도 오로지 그것만을 위해 일을 하는 것도 아니다. 전통적인 '명령과 보고'라는 리더 및 관리자 중심의 경영 활동을 약화시키고, '업무 환경의 지원과 서포트'라는 직원 중심의 경영 활동으로 전환해야 한다. 그들은 무엇보다 자율성과 자발성을 중시하고 평등과 조화로움을 추구하는 경향이 강하다. 더 이상 과거와 같은 억압적인 방식과 일방적인 업무 지시는 통하지 않는다. 윗사람의 역할은 이제 환경을 만들어주고, 그들이 스스로 동기부여를 할 수 있도록 도와주는 것이어야 한다. 또한 예전에는 사장을 중심으로 똘똘 뭉쳐 많은 일을 해냈지만,

이제는 그들이 스스로 일을 할 수 있는 자유와 책임을 줘야 한다. 이는 곧 업무의 새로운 방식인 '미들-업-다운$^{Middle\ up\ down}$' 방식으로 가능하다. 위에서 일방적으로 내려오는 지시가 아니라 중간층에서 아래와 충분히 협의하고 상의한 후 비로소 임원진이 최종 결론을 내리는 방식이다. 이는 포노 사피엔스들의 지지와 협력을 얻어낼 수 있고, 이는 곧 회사의 경영이 견고하게 진행되는 바탕이 될 수 있다. 세상은 끊임없이 변하지만, 그 중에서 가장 중요한 것은 바로 사람의 변화다. 회사의 동력이 결국 사람이라면, 결국 이 사람의 변화에 주목해야만 한다.

새로운 사업계획서
작성법

'미들-업-다운 방식'의 의사결정을 경영 현장에서 어떻게 적용할 수 있을까. 네패스는 과거의 사업계획서 작성 방식에서 벗어나 최근 새로운 방법을 도입했다. 과거에는 경영진이 매출과 이익 등의 목표를 정하고, 이를 달성하기 위한 전략 목표와 과제를 수립하는 방식이었다. 이는 전형적인 탑-다운 방식이며 일반적인 기업들이 대체로 많이 사용하는 방법이기도 하다. 이를 변화시켜 경영진이 아닌 각 사업부문의 직원들이 '내년에 해야 할 일'을 정하고, 이를 기반으로 역으로 매출과 이익을 산출하는 방법을 활용한다.

예를 들어 반도체사업부의 경우는 각 부서에서 가동률, 생산성, 원가절제 등에서 내년에 해야 할 일과 목표를 수립하고 이를 어떻게 향상 및 개선시킬 것인지 하는 전략 과제를 도출하며, 이를 달성했을 때의 매출과 이익을 산출하는 방식이다. 또 다른 기술 부서의 경우에도 내년에 해야 할 신기술, 신제품의 개발 목표를 정하고, 신기술과 신제품이 언제, 어떻게 매출과 이익으로 실현될 것인지를 산출하는 방식이다.

이는 직원들이 자발적으로 소통하고 이를 기반으로 계획을 수립하는 데 목적이 있다. 여기에 당연히 포노 사피엔스들도 참여한다. 하지만 회사의 미래를 직원들에게만 일방적으로 맡길 수는 없기 때문에 경영진과 공유하고 다시 제일 아래 직원까지 전파가 되는 방식이다. 중요한 것은 내년 계획을 세우는 데 평사원들이 모두 '참여'한다는 점이다. 누구나 자신이 참여한 것에 대해서는 관심을 쏟고 애정이 가기 때문에 향후 자발적으로 업무에 몰입하게 된다. 또한 이런 식으로 사업계획을 짜면 그 과정에서 서로의 공통된 가치관이 공유되고 반영된다. 사업계획을 짜는 중간에 충분히 자신의 의견을 내고, 상대의 의견을 반박하면서 가치관이 하나로 모이는 과정을 거치게 된다는 이야기다.

이런 방식으로 일이 진행됐을 때, 강력한 추진력을 가진 1차 사업계획서가 만들어진다. 1차 사업계획이 만들어지면 목표에 목적의식을 인입하는 2차 사업계획 워크숍을 진행함으로써 최종 사업계획을 확정한다. 경영자가 모든 것을 독점해서 결정하지 않는 것이 전체 구성원을 하나로 결집시키는 데 큰 역할을 한다는 것을 톡톡히 경험했다.

회복탄력성
강한
직원을 만드는
3·3·7 라이프

 지금의 경영 환경은 직원들에게 극도의 스트레스를 안긴다. 변화에 끝없이 적응해야 하고, 미래는 불확실하며, 경쟁 또한 치열하다. 그래서 직원들은 조급함과 초조, 두려움, 걱정, 어려움, 불안 등에 늘 시달린다. 이러한 상태에서는 개인의 내면적 긍정 정서가 하락하고 애사심은 물론 몰입도도 떨어진다. 더불어 건강도 상하고 삶에 대한 애착도 나빠지기 때문에 전체적인 행복감 자체가 낮아진다. 많은 기업에서 직원의 마음을 챙기기 위해 명상이나 웰빙 프로그램을 도입하고 있다. 직원의 마음에 기업이 달려 있다는 것을 잘 알기 때문이다.

 심리학 개념 중에 '회복탄력성'이 있다. 힘든 일을 겪었을 때 절망하거나 포기하지 않고 오히려 이를 활용해 더 나은 결과를 창출하는 것을 말한다. 근육이 탄탄한 사람이 오랜 시간 달리기를 견디거나 또는 더 나은 순발력을 발휘하는 것과 마찬가지다. 마음 근육이 탄탄한 직원들이 모여 있는 회사가 훨씬 위기에 강한 모습을 보여주는 것은 당연한 일이다.

네패스에서는 마음 근육의 단련을 위해 '3·3·7 라이프'를 실천하고 있다.

- ☐ 하루 3가지 이상씩 좋은 일을 동료들과 나눈다.
- ☐ 하루 3곡 이상 노래를 부른다.
- ☐ 하루 30분 이상 책을 읽는다.
- ☐ 하루 7가지 이상 감사편지를 쓴다.

28년간 중단 없는
성장세의 비결

매일 아침 30분 동안 네패스의 전 사업장에는 음악이 울려 퍼진다. 매일 아침 30분씩이면 일주일에 150분의 시간이며, 1년에 40주(음악교실 여름 방학, 겨울 방학 제외), 즉 약 6,000분의 시간을 음악교실에 투자한다.

집에서 또는 출근길에 있었던 일에 대한 잔상을 음악을 통해 지워내고 업무에 몰입하기 위해서다. 이러한 음악교실을 더 즐겁게 운영하기 위해 다채로운 행사도 함께 진행한다. 예를 들어 신춘 가곡제 같은 행사를 열어 전문 음악인을 초빙해 질 높은 공연을 감상하기도 하고, 감사릴레이라 해서 감사한 사람에게 노래를 불러주는 이벤트를 연다. 사내 합창단도 있어 시무식 같은 회사의 큰 행사에서 직접 노래를 부르기도 한다. 기본적으로 노래는 리듬이 있는 말로, 함께 노래를 부르면 의사소통과 결속력을 다지는 데 도움을 준다. 결과적으로 기업의 성과 창출로 이어지게 된다.

격월로 발행되는 네패스 사보 〈superstar〉에는 가족 감사편지와 감사편지 릴레이가 빠지지 않고 실린다. 매 호마다 가족 간, 동료 간 감사편지를 주고받는다. '마법노트' 어플리케이션을 통해서도 간단히 동료, 선후배 간 감사편지를 주고받고, 신규사원 교육 시 100 감사 족자를 작성하기도 한다.

이러한 일련의 과정들은 다양한 면에서 직원들의 마음 근육을 단련시킨다. 또한 이는 회사의 매출에도 큰 영향을 미쳤다. 네패스의 경우 일반 회사와는 정반대의 성장곡선을 그려왔다. 평균 15년 정도의 기간 동안 일반 회사는 처음 몇 년간 매출이 급상승한 뒤 지속적인 하락과 소멸의 과정을 거치게 마련이다. 반면 네패스는 창립 이후 28년간 중단 없는 성장세를 이뤄왔다. 기존 회사들의 매출 추이와는 완전히 정반대의 곡선인 것이다.

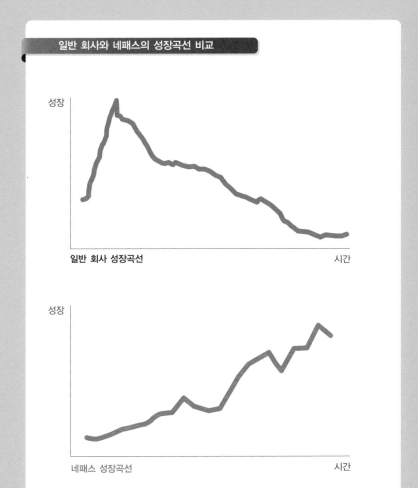

일반 회사와 네패스의 성장곡선 비교

성장

일반 회사 성장곡선   시간

성장

네패스 성장곡선   시간

SUCCESS ATTITUDE 05

4차원 경영의 실천, 일

{
일하는
방식을 바꾸면
결과가 달라진다
}

회사는 일꾼이 모여 일하는 곳이고, 경쟁을 통해 수익을 내야 하는 집단인 만큼 4차원 경영의 핵심은 어떻게 일할 것인지, 무엇을 위해 일할 것인지에 대한 명확한 이해에서 출발한다.

인생에서 해야 할 커다란 2가지 책무가 있다면 일과 사랑이라고 생각한다. 사실 'Labor'라는 단어의 사전적 의미를 찾아보면 '노동'과 '분만'이라는 뜻이 포함돼 있다. 그런데 일과 사랑에는 하나의 공통점이 존재한다. 사랑에는 아픔과 출산의 산고가 있고, 일에는 땀과 수고스러움이 있다. 결국 인간은 고통을 통해 성숙해지고 더 높은 단계로 나아갈 수 있다는 것이다.

일이란 '목표를 위해 사용한 에너지'이자 육체적이고 정신적인 노동을 수반한다. 또한 이는 사람의 소명이기도 하면서 기쁨과 자유를 누리게 하는 축복의 일부다. 일이 없다면 사람은 생존할 수 없다는 점에서 반드시 필요한 것이기도 하다. 그렇다고 사람이 일을 위해서만 살아갈 수는 없다. 일은 인간의 삶을 장식해주는 장식품이기 때문이다. 꼭 필요한 것이기는 하지만, 그렇다고 우리 삶의 중심이 일이 돼서도 곤란하다.

일을 하면 다양한 보상이 따라온다. 생계를 유지하고 삶의 질을 향상시킬 수 있는 것은 물론, 자신의 정체성을 표출하고 자아성취, 존재감 표현을 통해 사회적인 인증도 받을 수 있다. 더불어 타인의 유익, 성공, 건강, 윤택한 삶에 헌신을 할 수가 있다. 이를 통해 사회와 인류 발전에도 공헌할 수 있다.

회사 구성원 모두는 이토록 소중한 일터를 매우 잘 가꿔야 할 의무가 있다. 혁신과 창조성으로 경쟁력을 갖춰야 하는 것은 물론, 공동체 정신과 기업가 정신으로 자신만의 제품과 서비스라는 '걸작품'을 만들어야 한다. 이를 통해 고객의 가치가 증가하고 더불어 독특한 기업 문화도 창출할 수 있다. 하지만 이 모든 과정에 우리 모두가 개인의 부富에 대한 욕심이 중심에 자리 잡아서는 안 되고 누구에게도 떳떳한 도덕적이고 윤리적인 가치가 바탕이 돼야 한다. 바로 이것이 경영자가 끝까지 마음에 새겨야 할 4차원 경영에서 일의 방식이다. 또한 기업의 사회적 역할이기도 하다.

누구나 자기가 하는 일의
가치와 의미를 깨닫는 순간
일도 삶도 술술 풀린다.
그들 스스로가 자신의 일을
'**특별한 것**'으로 만들기 위해
노력한다.

일한다는 것의
남다른
가치

애플의 창업자 스티브 잡스의 인생에서 명상은 떼려야 뗄 수 없는 것이었다. 그는 20대 때 인도에서 명상을 배운 이후 매일 명상을 실천했다. 그 외에도 힐러리[Hillary], 앨 고어[Al Gore], 리처드 기어[Richard Gere] 등 미국의 유명인사들이 명상을 실천하고 있다. 성공하는 사람들은 공통적으로 매일 아침 명상을 통해 그날 하루를 계획하고 전략을 세우는 습관을 가지고 있다.

네패스에도 이를 도입해 '아침 첫 생각'이라는 시간을 잠시 갖는다. 매일 아침 '나는 어디 있는가', '나는 왜 여기 있는가', '여기가 얼마나 중요한 자리인가', '오늘 나는 무엇을 할 것인가'를 떠올리며 하루를 시작할 몸과 마음을 만든다. 매일매일 내가 어디에 있고 무슨 생각을 하며 일을 해야 하는가에

대해 늘 질문을 던진다. 네패스에서는 이와 관련된 질문을 담은 '아침 첫 생각' 카드를 직원들에게 배포했다. 직원들은 이 카드를 보이는 자리에 두고 매일 마음가짐을 새롭게 한다. 어떻게 보면 대단한 질문이 아닐 수도 있다. 그러나 이러한 질문을 통해 자신을 되돌아보는 직원과 그렇지 않은 직원은 일을 대하는 자세부터 달라진다. 정신없이 막 살아가는 사람과 전체를 조망하고 마음을 다져나가면서 일하는 사람 사이에는 분명 큰 차이가 있다.

매일 아침 이것을 가슴에 새긴 직원들은 하루를 보내기 위한 단단한 채비를 하게 된다. 또 자율적으로 목표를 설정하고, 그 일의 중요성을 깨닫는다. 그리고 이를 위해서 자신이 얼마나 전력투구해야 하는지도 알게 된다.

자신의 일을
'특별한 것'으로 만들라

'시키는 대로 해', '안 되면 되게 하라'는 한국식 군대문화는 우리의 경영 전반에도 그 악영향을 끼쳐왔다. 그것이 업무에도 그대로 적용되면서 스스로 생각하는 힘이 약해졌다. 시키는 대로 하면 되는데 굳이 생각이 왜 필요하겠는가. 이는 올바른 노동관이 아니다. 이렇게 되면 일은 '고생'이 되고 '먹고살기 위해 어쩔 수 없이 해야 하는 것'이 되고 말기 때문이다.

'아침 첫 생각'을 도입하기로 한 이유는 직원들에게 올바른 노동관을 심어주고, 그 노동관이 회사에서 잘 안착될 수 있도록 하는 것은 경영자가 해야 할 매우 중요한 일이라고 생각했다. 직원들 스스로 자기가 하는 일의 가치와 몸담고 있는 일터를 잘 가꿔나가길 바라는 마음에서다. 스스로 일에 대한 가치와 의미, 목적을 제대로 부여하지 못하면 내면적으로 심각한 상실감, 공허감, 불안감 등에 시달리게 된다. 이는 자신의 존재 가치를 잃어버리는 결과를 초래해 직원은 불행하고, 회사는 활력이 떨어지게 된다.

《우체부 프레드》라는 책이 있다. 프레드는 우편배달부다. 매일매일 하는 일이라곤 우편물을 배달하는 매우 간단하고도 반복적인 일이다. 물론 그 직업에도 나름의 어려움이 있고 성취감도 있겠지만, 일반적으로 봤을 때에는 다소 무료하고 따분한 일상이기도 하다. 이러한 무료함과 따분한 일상 역시 일을 하면서 겪게 되는 부정적 감정의 하나다.

그러나 프레드는 자신에게 주어진 일을 '특별한 것'으로 만들기 시작했다. 우편물만 던지고 가는 것이 아니라 낙엽을 치워주고, 고객이 여행을 떠나 집에 우편물이 쌓이기 시작하면 그것을 잘 보관했다가 전달해주기도 했다. 또는 소포가 도난당할 것을 우려해서 자신만의 방법으로 택배를 감춰두기도 했다. 그는 단순히 성실한 것을 넘어서 자신의 우편물 배달 자체를 사람들에게 감동을 주는 일로 바꿨고, 이와 동시에 이웃에 대한 자신의 사명으로 발전시켰다. 그 결과, 그는 스스로 자신의 재능과 열정을 최대한 활용해서 타인과는 차별화되는 인생을 만들어냈다. 물론 이것이 그의 삶을 변화시키고 스스로를 행복하게 만들었음은 당연한 일이다. 반면 자기에게 부여된 일만 하고 공동체 일에 관심이 없는 사람이 있다. 이는 자신이 속한 조직에 애정이 없는 사람이며 자신의 일을 특별하게 만들지 못하는 사람이다. 우리는 자신에게 부여된 일과 공동체 일을 동시에 수행하는 병행적 삶을 살아야 한다. 《성경》에는 "네 양 떼의 형편을 부지런히 살피며 네 소 떼에게 마음을 두라(잠 27:23)"고 교훈하고 있다.

서울대 심리학과 최인철 교수가 쓴 《프레임》에 나온 청소부 사례도 우체부 프레드처럼 자기가 하는 일을 어떻게 바라보고 의미를 부여하는가에 대한 통찰을 준다. 힘든 일을 하지만 늘 표정이 밝아서 한 젊은이가 그 이유를 청소부에게 물었다. 그랬더니 그 청소부는 미소를 지으면서 말했다.

"나는 지금 지구의 한 모퉁이를 청소하고 있다네."

내적 동기의 힘을
강화하라

경영자는 직원들이 일을 가질 수 있고 그것을 전문적으로 해나갈 수 있음을 축복으로 느낄 수 있도록 해줘야 한다. 이 축복이 그들에게 기쁨을 주고 자유를 누릴 수 있도록 해준다는 사실을 깨닫게 한다.

실제로 일이라는 것은 삶을 구성하는 핵심 요소 중 하나다. 그래서 일은 사람을 고귀하고 존엄하게 만들어준다. 우리가 '백수'라는 말을 들을 때 떠올리게 되는 이미지를 생각해보자. 왠지 자신의 인생에서나 사회에서 무가치하게 느껴지고, 있어도 되고 없어도 되는 사람으로 느껴진다. 이는 곧 일을 갖는다는 것이 얼마나 중요하고 소중한지를 알게 해준다. 또한 일은 지금의 세계를 더 아름답게 만들어주고, 인간의 삶을 풍요롭게 만들어주는 것이기도 하다. 나와 세상을 연결해 서로가 축복을 누릴 수 있도록 한다. 살기 위해서 일을 하는 것이 아니라 일하기 위해서 산다고 생각하면, 일은 이제 인생의 숭고한 목표가 된다.

직원들에게 올바른 노동관을 심어준다는 것은 곧 '내적 동기의 힘'을 강화시켜주는 의미라고도 할 수 있다. 이 동기는 자신의 내면에서 우러나오는 진심의 힘이고, 스스로의 삶을 완성해 나가겠다는 성취의 동기이기도 하다. 외적인 동기에 의해서만 이끌리게 되면 일은 '고생'이 될 뿐이며, 우체부 프레드와 같이 자신의 일을 특별한 것으로 만들지 못한다.

직원들이 일을 삶의 수단쯤으로 여기지 않고 인생에서 추구하는 '사명'으로 바라보게끔 해야 한다. 이러한 생각을 가지고 있을 때 많은 직원들은 자신이 해당 분야에서 1등이 되고자 하는 열망을 품게 되고, 이것이 추동하는 재능과 열정으로 회사는 지속적인 발전을 하게 된다.

직원들의 **긍정적인 감정**은
자기 효능감을 높여
기업의 성과로 이어진다.
자율성도 높아져
직원들을 감시할 이유가
없어지고, '감시 비용'도
훨씬 줄어든다.

긍정심리는
성과를
높인다

네패스에서 하는 '아침 첫 생각', '음악교실', '감사편지 쓰기' 등 다양한 활동들의 궁극적인 목적은 직원들이 즐겁고 긍정적인 마음 상태에서 일할 수 있기를 바라서다. 좋은 생각을 많이 하고 긍정적인 말을 많이 하면 삶이 좋은 방향으로 나아간다는 것에 누구나 동의할 것이다. 기업도 마찬가지다. 기업이 성장하기 위해서는 회사 전체적으로 긍정적인 말과 생각이 넘쳐야 한다. 그런 환경을 만들기 위해 아침마다 질문으로 각성을 유도하고 노래를 듣고 부르며 신나는 마음 상태를 갖게 하는 것이다.

네패스의
긍정심리자본

미국 네브래스카 경영대의 프레드 루당스Fred Luthans 석좌교수는 '긍정심리자본'을 창시했다. 긍정심리자본이란 개인이 주어진 환경에 대하여 긍정적 감정을 활용해서 진취적인 사고와 행동을 함으로써 성과를 향상시키는 것을 의미한다. 긍정심리자본 지수 조사는 긍정심리학과 경영의 연결 측면에서 과학적 측정 방법을 사용해 유효한 데이터를 창출하고, 기업 성과 향상으로 연결될 수 있는 긍정심리와 연관된 역량 개발 및 조직문화를 강화하는 것을 목적으로 한다. 프레드 교수는 긍정심리자본을 구성하는 요소로 자기 효능감, 희망, 낙관주의, 회복력을 제기했다. 이 이야기를 들으며 네패스의 긍정심리자본이 궁금해졌다. 여러 가지 활동을 통해 긍정심리를 올리고자 한 노력의 결과가 어떻게 나올까?

자기 효능감^{Efficacy} 항목은 목표 설정을 높게 하고, 힘든 일을 선택하며, 도전을 즐기고 난관을 돌파할 수 있는지 여부를 설문으로 측정해 개인이 가진 자신감 정도를 분석하는 것이다. 희망^{Hope} 항목은 희망을 긍정적인 동기부여 상태로 정의한 개념에서 한 단계 업그레이드 시켜 의지력, 결단력 등이 포함된 희망 개념을 엄밀화했고, 이러한 희망 수준을 높이면 기업 성과에 어떤 영향을 미치는지 분석하는 것이다. 낙관주의^{Optimism} 항목은 과거에 대해 책임을 부정하지는 않지만 관대하게 재구성하는 것, 현재에 대한 엄밀한 평가와 미래의 기회를 찾는 의지 등을 분석하는 것이다. 마지막으로 회복력^{Resilience} 항목은 문제나 실패, 역경에 직면했을 때 원래 상태로 되돌아오거나 그것을 뛰어넘는 힘을 분석하는 것이다.[11] 여기에 네패스에서는 삶 속에서 주어진 환경, 사물, 주위 사람들에 대해 감사하는 마음과 감사 실천 정도를 분석하는 감사^{Gratitude} 항목을 특별히 추가했다. 각 항목에 대한 질문을 던지고 답변을 구해 이를 지수화했다. 네패스 직원들을 조사한 결과, 자기 효능

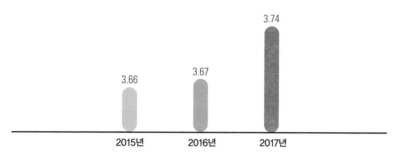

3.74

3.67

3.66

2015년 2016년 2017년

※5점 만점 기준

감과 감사가 가장 높게 나타났으며, 현재 업무 및 역량에 대해 자신감
과 자부심이 높고, 감사의 생활화가 높은 것으로 나왔다.

감시 비용이
줄어든다

긍정심리자본은 직무 몰입과 만족을 높일 뿐만 아니라 직원이 스스
로 자율적으로 일을 하게 돼 일명 '감시 비용$^{Monitoring\ cost}$'을 따로 들일
필요가 없어진다. 감시 비용이란 '주체가 대리인을 감시하는 데 부담
하는 비용'이라는 의미다. 회사 내에서는 상사가 부하를 감시할 때 들
어가는 각종 시간을 비롯한 업무 낭비 요소를 말한다. 감시 비용이 높

아지면 상사는 자신의 업무에 열중하지 못하게 되고, 부하는 상사의 감시에 더욱 수동적이 돼서 업무에 최선을 다할 수가 없다. 이는 회사에서 눈에 보이지 않는 리스크로 작용한다. 직원의 자율성을 높이는 것은 직원 스스로의 업무에도 긍정적인 영향을 미치지만, 회사의 감시 비용을 줄이는 데도 도움이 될 수 있을 것이다.

모든 일의 궁극적인 지향점은
'고객 가치 창출'에 맞춰져야 한다.
그래야 어떤 일이든 의미가 있다.
또한 '업業의 본질'이라는
측면에서 접근해야 한다.

일,
열심히 한다고
잘하는 것이
아니다

'일을 잘하고 싶다'는 것은 경영자뿐만 아니라 모든 직원의 한결같은 소망이다. 누구든 회사에서 월급을 받는 이상 '일 못하고 싶다'라는 생각을 하진 않는다. 직원들 역시 나름의 자기계발을 하고, 업무 지식을 쌓아나가면서 일의 능력을 키우려고 한다. 여기에서 꼭 짚고 넘어가야 할 2가지가 있다. 첫 번째는 '일할 때는 고객과 타인을 염두에 둬야 한다'라는 것이고, 두 번째는 '업業의 본질을 깨달으면서 일을 해야 한다'라는 점이다. 이 2가지가 제대로 갖춰지지 않으면 '정신없이 바쁘기는 한데 일이 제대로 진행되지 않는 상황'이 발생한다.

　우선 일할 때는 '고객과 타인을 염두에 두는 습관'을 길러야 한다. 만약 그렇지 않을 경우 '공허한 자기만족'으로 그칠 수 있다. 하지만 "일은 결국 스스로 하는 것이기 때문에 스스로 최선의 노력을 쏟아붓고, 최고의 만족감을 얻으면 되는 것 아닌가?"라고 반문할 수 있다. 물론 이 말도 일리는 있지만, 본질적으로 일은 '타인의 만족감'을 위해서 하는 것이다. 기업의 '고객 가치 창출'이라는 것도 '내가 만족하는 가치'가 아니라 '고객이 만족하는 가치'다.

일을 잘하기 위해 필요한
2가지

그리스 아테네의 아크로폴리스에 있는 파르테논 신전은 이에 대한 하나의 교훈을 전한다. 이곳의 건축법은 일반적인 것과 상당히 다르다. 신전의 바닥은 멀리에서 보면 평평하지만, 가까이에서 보면 동쪽 및 서쪽 바닥 면은 수평선의 가운데가 양끝보다 약 6cm 정도 불룩하게 솟아 있다. 남쪽 및 북쪽 바닥 면은 수평선의 중앙 부분이 양끝보다 약 11cm 솟아 있다. 기둥도 멀리에서 보면 마치 밖으로 넘어질 듯 보이지만 실제로는 약간씩 안쪽으로 기울어지게 건축했다. 실제 신전의 도면을 보면 마치 잘못된 설계도인 것 같지만, 그 신전을 바라보는 사람들에게는 매우 안정감을 주고 아름답게 보인다. 우리가 일하는 방식도 사실은 이렇게 돼야만 한다. 나를 중심으로, 내가 보이게 최선을 다하는 것이 아니라 고객과 타인이 만족할 수 있는 방법과 결과를 내놓아야 하는 것이다.

나 자신보다 타인을 위하는 마음은 결국 자신이 이 사회에서 가치 있는 사람이라는 생각을 들게 한다. 자연히 자존감이 올라가고 삶의 행복감과 만족도도 높아진다. 타인을 위해 상품이나 서비스를 제공할 수 있는 기회가 나에게 주어진 것에 대해 감사한 마음이 생긴다. 경영자와 임직원 모두 정성을 다해 이웃에게 유익을 전하기 위해 일한다면 진정한 노동의 결실을 맛볼 수 있다.

또 일을 할 때는 '업業의 본질'에 대한 통찰이 있어야 한다. 이것을 알게 되면 '일을 열심히 하는 것'을 넘어서 '일을 잘하게 되는 단계'로 진입한다. 신발을 만드는 회사의 업은 '고객의 발을 편안하게 해주는 것'이다. 이것을 염두에 두지 않으면 그저 눈에 보이는 신발의 완성품 개수만 생각하게 된다. 하지만 '고객의 발을 편안하게 해야 한다'라는 업의 본질을 항상 인식하면, 제품 하나하나에 정성을 쏟게 되고 '어떻게 하면 더 편안하게 만들 수 있을까'를 고민하면서 일하게 된다.

'바쁘다'와 '일을 한다'의 차이

영국의 런던비즈니스 스쿨에서 교수를 지낸 수만트라 고샬^{Sumantra Ghoshal} 박사는 '바쁘다^{Busyness}'와 '일을 한다^{Business}'라는 개념을 명확하게 구분해야 한다고 말한다. 이 둘은 무엇인가를 열심히 한다는 점에서는 크게 다르지 않은 개념이지만 '목적성'에서는 분명한 차이가 존재한다고 말한다. 그냥 바쁜 것은 목적 없이 분주하기만 하지만, 후자는 확실한 목적의식을 갖고 사전에 치밀하게 계획을 세우고 전략을 짜는 것을 말한다.[12]

직원들이 짧은 시간에도 높은 성과를 내게 만들고 싶다면, 이제 그들에게 타인 중심으로 일하는 태도, 그리고 업의 본질에 대한 통찰을 가질 수 있도록 해야 할 것이다. 결과의 성패를 떠나서 이러한 2가지 생각을 가지고 일하는 사람과 그렇지 않은 사람이 이르게 될 자리는 분명 다르다.

2가지 생각을 가지고 일하는 직원들이 능력을 십분 발휘할 수 있게 하려면 적재적소에 배치하는 일도 매우 중요하다. 일을 해도 성과가 제대로 나지 않는 또 하나의 이유는 바로 인재가 적재적소에 배치되지 않아서다. GM의 뛰어난 경영자였던 알프레드 슬로안^{Alfred Sloan} 회장은 이런 이야기를 한 적이 있다.

"기업이 사람을 배치하는 데에 4시간도 투자하지 않는다면, 이를 만회하는 데는 400시간 이상이 필요하다."

애플의 전설적인 디자이너인 조나단 아이브^{Jonathan Ive}는 독창적인 IT 제품 디자이너로서 유명하지만 사실 그의 원래 직업은 욕실 인테리어 디자인이었다. 그런 그가 애플에 영입돼 독창적인 디자인을 선보일 수 있었던 것 역시 인재의 적절한 배치와 큰 관련이 있다.

열정이란 그저
'최선을 다하는 것'에 그치지 않는다.
이는 죽음을 무릅쓴다는 의미다.
더불어 **호기심**은 열정의 원천이다.

결코
변하지 않을
황금률,

열정

경제가 침체되고 일자리가 부족해지면서 가장 많이 쓰이기 시작한 말이 있다. 바로 '열정'이다. 부모가 자녀에게, 경영자가 직원에게, 또 학교 선생님도 학생들에게 열정을 말한다. 외부적인 환경이 좋지 않아 목표 성취가 어려워질수록, 이 열정이라는 말은 더욱 강조되기 마련이다. 열정의 사전적 의미는 '어떤 일에 열렬한 애정을 가지고 열중하는 마음'이다. 하지만 경영의 현장이나 일의 최전선에 있는 사람에게 이 열정은 보다 깊은 의미를 가지고 있다. 그것은 생각보다 더 넓고, 다양한 방면에서 우리에게 많은 교훈을 주기 때문이다.

우선 열정은 분명 고통을 동반하는 것이다. 원래부터 열정^{Passion}의 어원은 '고통^{Pain}'이었다. 《성경》에 나오는 예수님의 십자가 이야기에 대해 과거의 종교학자들은 그 자체를 '열정'이라고 불렀다. 십자가의 고통만큼이나 괴롭고 힘든 것이 열정이라는 의미다. 이것은 열정이 어느 정도의 깊이를 가지고 있는지를 알게 한다. 즉, 죽을 정도의 고통을 안고 임하는 것이 열정이다. 단순히 '열심히 하는 것', '최선을 다해보는 것' 정도로 열정이라 말하기는 힘들다.

**열정은
전쟁이다**

열정이라는 말에는 속도의 개념도 들어 있다. 즉, '열정적으로 일한
다'라고 말했을 때는 그것을 '긴급성+성실성'으로 봐야 한다. 그냥 세
월을 즐기면서 하는 것이 아니라 속도에 대한 압박을 받으면서도 최
고의 몰입을 하는 것이 바로 열정이다. 이나모리 가즈오 교세라 명예
회장은 열정에 대해서 "격투기 선수가 경기에 임하는 것과 같이, 죽기
살기로 하는 것"이라고 표현한다. 여기에도 시간의 개념이 들어 있다.
경기는 시작과 끝나는 시간이 정해져 있고, 그 안에서 서로 싸우는 경
기다. 따라서 열정을 발휘할 때에는 정해진 시간 안에서 승리하기 위
해 노력해야 한다.

이러한 열정이 중요한 것은 현재의 실력마저 압도하는 힘이 있기
때문이다. 일본에서 가장 존경받는 3대 기업가로 꼽히는 마쓰시타 고
노스케松下幸之助는 이렇게 말한다.

"능력은 어느 정도 부족해도 상관없다. 그 사람이 얼마나 열정을 가
지고 있는가에 따라 충분히 보완할 수 있기 때문이다. 그러나 열정은
그 사람이 마음먹고 덤벼들지 않는다면 결코 생기지 않는다."

어차피 모든 직원이 다 탁월한 역량을 발휘하기는 힘들다. 또한 시
간이 흐르면 원래의 역량마저 퇴색될 수가 있다. 하지만 열정만 있다
면 그들은 얼마든지 탁월한 역량을 발휘할 가능성이 있다. 결국 열정
을 잃으면 모든 것을 잃는 것이나 마찬가지다. 경영자가 직원들에게
끊임없이 열정을 강조해야 하는 이유는, 그들의 실력을 한 단계 더 높

일 수 있기 때문이다.

더불어 직원들만 열정을 가져서는 안 된다. 경영자 역시 그 고통스럽고, 다급하고 위험한 열정을 가져야만 한다. 《성경》에서는 경영을 두고 "경영은 의논함으로 성취하나니 지략을 베풀고 전쟁할지니라"고 표현한다. 결국 경영은 전쟁이다. 전쟁에 임하는 마음으로 하지 않으면 반드시 경쟁에서 패배하는 것이 경영이다.

어떻게 열정을
내 것으로 만드는가

열정은 호기심이기도 하다. 애플의 스티브잡스는 그 스스로 열정적인 삶을 살았던 만큼, 직원들에게도 많은 열정이 있기를 바랐다. 그런데 그가 직원의 열정을 테스트하는 방법은 바로 '어느 정도 호기심이 강한가?'를 보는 것이었다. 잡스의 전기문에는 그가 직원들을 어떻게 테스트했는지 나와 있다. 때때로 그는 입사 지원자 면접을 볼 때에 천으로 덮인 매킨토시의 원형 제품이 있는 방에 들여보내곤 했다. 그리고 그 천을 벗긴 후 지원자의 반응을 관찰했다. 지원자가 눈을 반짝이며 호기심 어린 태도로 그 매킨토시를 조작하기 시작하면 그제야 잡스는 지원자를 합격시켰다.

앞서 이야기했듯 네패스의 경영 이념은 봉사하는 생활, 도전하는 자세, 감사하는 마음이다. 도전하는 자세의 근간을 이루는 것이 열정이다. 아무것도 하지 않으면 아무 일도 일어나지 않는 법이다. 그러나 사람들은 해보지 않은 일에 대해 지레 불가능하다고 생각하고 시도조차 하지 않는 경우가 많다. 실패에 대한 부담이 크기 때문이다. 하지만 마음속 열정은 그것을 뛰어넘게 한다. 네패스는 새로운 사업 아이템을 선정할 때 단순히 돈이 되는 아이템보다는 고객에게 정말 필요하지만 개발하는 데 시간이 걸리고 어려운 제품을 주로 선정한다. 아무도 시도하지 않은 아이템을 선정해 도전하는 것이다. 그렇게 해서 지금껏 네패스는 적어도 국내에서는 처음으로 시도한 제품들을 제공해오고 있다. 예를 들어 최첨단 반도체 패키징 기술인 FOWLP을 8년 전에 시작해서 올해 양산에 돌입했다. 글로벌 자동차 반도체 기업을 대상으로 차량용 중장거리 레이더 센서에 FOWLP기술을 양산 적용해서 자율주행차로 가는 기반을 마련하고 있다.

열정이 있으면 성공할 수밖에 없다. 열정이 지치지 않고 계속하게 만들기 때문이다. 열정을 내 것으로 만들려면 사랑하면 된다. 삶을 사랑하는 사람은 열정적으로 변한다. 《인간관계론》을 써 세계적 베스트셀러 작가가 된 데일 카네기^Dale Carnegie도 깊은 절망과 좌절의 순간을 겪었지만 밝은 모습으로 이렇게 말했다.

"평소에 생활과 일에 대한 열정을 회복할 수 있는 정신적인 속임수를 찾아냈다. 나는 일부러 직업, 재산, 명성, 가족 등 내가 중요하게 여기는 모든 것들을 잃었다고 상상했다. 그런 다음 깊은 슬픔에 빠져 앉아 있었다. 그러고는 잃지 않은 것들을 모조리 목록으로 만들기 시작했다. 그랬더니 일에 대한 예전의 열정이 도로 생겨나 불타오르는 게 아닌가? 정말 효과가 있을 테니 당신도 한번 해보기 바란다." [13]

맹목적인 낙관, 근거 없는 믿음은
꿈을 이루는 데 오히려 방해가 된다.
그보다는 **건강한 위기의식을** 갖춰야
그 위험에서 벗어날 수 있다.

건강한
위기의식에
지속성장의
비밀이 있다

개인의 꿈이든, 회사의 꿈이든 무엇인가를 이루기 위해서는 최종적으로 '믿음'이 필요하다. 자신의 꿈을 믿지 않는 사람이 그 꿈을 달성해내기란 불가능하다. 믿음에도 다양한 스펙트럼이 있어 '어떤 형태'를 이루고 있는지는 한 번 더 살펴봐야 한다. 우선 가장 낮은 수준의 믿음은 '맹목적인 믿음'이다. 합리적인 근거도, 합당한 논리도 없이 무조건적으로 믿는 것은 매우 위험하다. 특히 구체적인 꿈과 목표를 이루는 데 있어서 맹목적인 믿음은 오히려 그 꿈의 실천을 방해한다. 무엇보다 최근 몇 년 사이에 많이 회자된 '긍정의 힘'은 자칫하면 맹목성을 가질 우려도 있다. '전략적으로 낙관하되 전술적으로 비관하라'는 말이 있듯 자신과 조직에 대한 믿음과 더불어 '건강한 위기의식'을 갖는 것이 필요하다. 이것은 끊임없이 자신을 돌아보면서 긴장감을 늦추지 않는 것이며, 근거 없는 낙관의 위험에서 자신을 보호하는 일이기도 하다. 이것은 '긍정의 힘'을 바탕으로 하면서도 그것이 맹목적으로 변하는 것을 방지한다.

건강한 위기의식

vs 군기 잡기

건강한 위기의식을 가장 잘 실천하는 기업이 바로 글로벌 기업인 삼성그룹이다. 삼성그룹은 끝없는 발전의 과정에서 성공의 마디마디 늘 이렇게 건강한 긴장감을 통해 자세를 다잡아왔다. 삼성은 지난 2010년에 삼성전자 한 곳에서만 사상 최대의 실적 호조를 이뤄냈다. 모두가 축하하는 분위기였지만, 며칠 가지 않아 삼성의 사내 인트라넷에는 '교병필패騎兵必敗'를 주제로 한 만화가 게재됐다.

'교만한 병사는 반드시 패한다'라는 의미를 지닌 교병필패는 건강한 위기의식을 위한 환기의 차원이었다. 이외에도 삼성 이건희 회장은 "앞으로 10년 안에 삼성을 대표하는 사업과 제품은 대부분 사라질 것이다. 다시 시작해야 한다"라는 말을 하면서 비슷한 맥락의 충고를 하기도 했다. 이러한 위기의식 덕분일까. 삼성그룹은 지난 2017년에도 반도체 분야에서 이제껏 세운 모든 기록을 돌파하는 사상 최대의 실적을 또다시 달성했다. 그런데 이렇게 실적을 발표하는 날, 삼성전자의 권오현 부회장은 사퇴를 하며 이렇게 말했다.

"급격하게 변하고 있는 IT 산업의 속성을 생각해볼 때, 지금이 바로 후배 경영진이 나서서 비장한 각오로 경영을 쇄신해 새 출발을 할 때라고 믿는다."

이러한 건강한 위기의식을 직원에 대한 '군기 잡기'로 오해해서는 곤란하다. 예를 들어 출근 시간을 앞당기거나 근무 시간을 철저하게 지키게 강제하는 것, 또는 엄격하게 근태 관리를 하는 것은 건강한 위기의식을 불어넣는 것이 아니라 직원들의 불만을 더욱 높여 업무 몰입을 방해하고 사기를 떨어뜨리는 역할을 할 뿐이다.

실제 국내의 한 대기업에서 경영 사정이 악화되자 '특단의 조치'를 내려 직원들의 위기의식을 강화하려고 했다. 경영진을 교체하고 야근을 종용하는 등 기존의 방침을 바꿨던 것이다. 그러나 직원들이 회사에 준 총 평점은 4.08에서 3.49(5점 만점)로 급격하게 추락했고, 사내문화에 대한 만족도도 4.11에서 3.44로 떨어졌다.[14]

진정한 지속성장의
비밀

미국 스탠퍼드대 칩 히스$^{Chip\ Heath}$ 경영학 교수는 자신의 저서 《스위치》에서 '변화 관리를 어떻게 해야 하는가?'에 대해 이야기했다. 그의 말의 핵심은 '이성적 선택'보다 '감성 관리'를 해야 한다는 것이다. 즉, 설명하고 지시하는 이성적 선택은 그리 오래가지도 않고 효과가 강하지도 않다. 조직원의 '감성'을 관리할 때 진정한 변화가 생긴다고 말한다. 예를 들어 코끼리를 타고 있을 때 아무리 기수가 명령을 해도 코끼리는 자신의 마음대로 움직일 수가 있다. 이럴 때는 설명과 지시가 다가 아니고 코끼리가 기꺼이 동참할 수 있는 방법을 고민해야 한다. '건강한 위기의식'은 경영자가 일방적으로 강요한다고 되는 것이 아니다. 직원들이 현재 어떤 마음 상태인지를 알고, 자발적인 동참을 할 수 있게 만드는 것이 '건강한 위기의식'이다. 건강한 위기의식은 경영자나 임원만 공유해서는 힘이 없다. 구성원 모두가 공유해야 변화를 이끌어낼 수 있고 성장의 원동력이 될 수 있다.

네패스는 매달 초 '경영변화산실'이라는 회의를 진행한다. 회사 연수원에서 팀장 이상의 모든 임직원이 모여 현 시장 및 경쟁사 동향을 발표하고 토론한다. 질문은 직급 상관없이 자유롭게 할 수 있다. 이 과정을 통해 점점 짧아지는 현 제품의 수명 주기, 글로벌 경쟁의 심화, 중국의 반도체 굴기 등 급격한 경영 환경 변화에 대해 임직원 모두가 공감대를 형성해간다. 경영변화산실 회의를 통해 우리는 회사 내 새로운 변화를 만들고 있다. 기존 사업 아이템을 첨단 공정화하고 있으며, 신규 사업 아이템을 발굴하고 론칭하기 위해 해외 기업 및 연구소와 활발하게 교류한다. 회의를 시작한 지 오래지 않아 첫 번째 성과가 나왔다. 인공지능 반도체 칩을 세계 최초로 양산하는 쾌거를 이뤘다. 경영변화산실 회의를 통해 네패스 임직원 모두가 건강한 위기의식을 고취해서 앞으로도 계속 신제품 발굴 및 출시가 이어질 것으로 확신한다.

경영자가 위기의식을 불어넣을 때는 구성원이 충분히 동의하는 방법이어야 한다. 일방적인 지시나 명령은 오히려 해악이 되기 때문이다. 이러한 조건하에서 조성된 건강한 위기의식이야말로 진정한 지속성장의 비밀이 될 것이다.

협력업체의 노력이
나의 성과가 되고,
그들을 형제처럼 대하면,
그들은 품질로써 보답한다.
협력업체는 우리를 위해
리스크 테이킹을 하는
고마운 존재다.

상생에 대한
새로운 접근,
리스크 테이킹

일을 하다 보면 자연스럽게 협력업체가 생긴다. 그리고 이는 수평적인 관계일 때도 있지만, 대개 갑과 을의 관계로 형성된다. 우리 사회에서 '상생경영', '동반경영'이라는 말이 나온 지는 꽤 오래됐지만, 여전히 기업들의 갑질이 문제가 되고 있다. 일부 대기업의 경우 협력업체의 이익이 높게 나타나면 '원가 검토'를 통해서 그 이익을 줄이는 행태를 반복한다. 많은 을의 입장인 기업들은 울며 겨자 먹기로 일을 할 수밖에 없다. 하지만 이러한 일이 반복되면 결국 궁극적으로 손해를 보게 되는 쪽은 갑이다.

　무엇보다 상생을 잘하기 위해서는 '이익'이라는 개념을 새롭게 정립할 필요가 있다. 원래 기업에게 이익이란 판매가에서 원가를 뺀 나머지 부분이다. 하지만 나는 이익을 이렇게 보지 않고 '리스크 테이킹 Risk Taking'에 대한 정당한 대가라고 본다. 예를 들어 A라는 기업이 B라는 기업에게 부품을 납품받는다고 해보자. B기업은 그냥 가만히 앉아서 돈을 버는 것이 아니다. A기업을 위해서 새로운 투자와 자원을 투입해야 하고, 과거에 없던 다른 변화를 겪어야만 한다. 그리고 이것이 바로 리스크 테이킹인 셈이다. 그 결과가 어떻게 될지도 모르는 불안한 상태에서도 우선은 손해를 감수하는 일이다. 따라서 A기업이 B기업에게 이익을 보장해준다는 것은 바로 이러한 리스크 테이킹에 대한 보답인 셈이다. 생각해보면 누군가가 나를 위해 리스크 테이킹을 해준다는 것은 무척 고마운 일이다. 내가 하지 않는 것, 내가 모르는 것을 위해 그가 과감하게 나서주는 것이 쉬운 일은 아니기 때문이다. 더불어 그러한 사람을 통해 내가 돈까지 벌 수 있으니 이것은 매우 기쁜 일이 아닐 수 없다. 그렇다면 그 사람에 대한 보답은 너무나 당연한 것이고, 여유가 되면 더 많은 이익을 보장해줘야 한다.

갑과 을의 관계는 어떠해야 하는가

갑과 을의 협력관계에서 '누가 더 많은 이익을 뺏어오느냐'로 바라보면 당연히 갑이 더 많은 것을 가지고 싶어 할 것이다. 하지만 갑과 을의 관계에서 '누가 더 큰 리스크 테이킹을 하느냐'의 관점에서 보면 갑은 을에게 고마워해야 한다.

특히 제조업에서 이러한 협력업체의 존재는 갑의 매출을 결정적으로 좌우할 수도 있다. 일본 자동차 업체인 도요타는 협력업체의 뛰어난 기술 덕분에 세계 3대 자동차 메이커로 등극하기도 했지만, 또 반대로 협력업체의 불량 부품 때문에 대규모 리콜을 하기도 했다. 한마디로 협력업체에 따라서 회사의 운명이 갈리기도 한다. 사실 A기업 때문에 B기업이 먹고사는 것 같지만, 그 내부를 자세히 들여다보면 B기업 때문에 A기업이 먹고산다.

세상의 그 어떤 사람도 홀로 살아갈 수는 없다. 자신에게 없는 것은 누군가에게 도움을 받아야 하고, 나는 남이 가지지 않은 것을 제공하면서 자신의 생존을 이어나간다. 기업 역시 마찬가지다. 어쩌면 우리의 인생과 기업의 모든 활동이란 '나 자신을 위한 것'이 아니라 '남을 위한 것'이기도 하다. 내가 타인을 위해 무엇인가 일을 해줄 때 나의 생존이 도모되기 때문이다. 기업도 결국에는 고객이라는 타인을 위해서 일을 할 때 성과가 올라 생존할 수 있다. 본질적으로 타인을 위해 살아가는 나의 모습을 명확하게 인식할 때, 우리는 진정한 상생의 단계에 들어설 수 있다.

함께
성공하자

상생은 그저 협력업체의 이익을 단순히 보장만 해주는 것을 넘어선다. 때로는 그들이 새로운 사업을 시작할 때 도와준다거나, 인적, 물적 지원을 해주는 것까지 모두 포함된다. 실제 국내의 일부 기업들은 이미 이렇게 협력업체를 마치 '내 회사'처럼 지원하고 관리하고 보살핀다. 심지어는 '성과공유제'를 통해서 회사의 이익이 늘어나면 일정 부분을 협력업체에게 떼어주는 경우도 있다. 중요한 것은 이런 기업들은 대개 성과가 좋다는 점이다. 협력업체가 최선을 다해 노력해주기 때문에 완성품의 품질이 자연스럽게 올라가기 때문이다. 따라서 보다 깊은 상생 관계로 들어가기 위해서는 '적절한 이익을 떼어줄 테니 알아서 살아라'가 아니라 '우리와 협력해서 함께 살자'가 돼야 한다. 그것이야말로 우리 회사의 든든한 지원군이며, 나를 위해 형제처럼 리스크 테이킹을 해주는 회사에 대한 올바른 도리다.

사람은 기계가 아니다.
휴식 없이 계속 가동하다가는
반드시 **번아웃의 순간**이 온다.
이런 직원이 업무에 몰입하거나
창의적이기를 기대하는 것은
불가능하다.

진정한
창조의 비결,
휴식

경영자들이 직원들에게 원하는 일의 태도는 대개 '열심히, 성실히, 쉬지 않고'이다. 또한 야근이나 주말근무를 해주면 더 고맙고, 가정에 있는 시간에도 회사 일을 놓지 않고 계속 뭔가를 구상해주거나 신경을 써주기를 원한다. 한마디로 24시간 '회사 인간'이 되는 것이 궁극적으로 회사에 도움이 된다고 생각한다. 하지만 정말로 그럴까? 직원이 회사를 위해 끝없이 일하고 신경을 쓰면 회사에 정말로 도움이 되는 것일까? 고속성장이 이뤄진 과거의 시대에는 어쩌면 맞는 방법이었을지도 모르겠다. 끝없이 물량을 투입하면, 계속해서 결과물이 산출돼 팔리는 '대량 생산 체제'에서는 분명 가능한 일이었다.

지금은 완전히 시대착오적인 생각이다. 창의성을 중요하게 생각하는 기업일수록 직원들이 충분히 쉴 수 있도록 휴가를 많이 줘야 하고, 가정에서는 회사에 대한 신경을 완전히 끊을 수 있도록 해줘야 한다. '창조의 비결'은 휴식에서 나오기 때문이다.

우선 휴식이 없는 삶은 직원의 몸 자체를 망가뜨려 안정적인 기업 경영에 전혀 도움이 되지 않는다. 워싱턴대 의과대학 생명공학과 교수이자 미국 국가교육위원회 고문인 존 메디나^{John J. Medina} 교수는 이렇게 말한다.

"인간은 호랑이에게 쫓기는 정도의 짧은 시간 동안만 스트레스를 견딜 수 있다. 만약 당신 집 앞을 몇 년 동안 호랑이가 지키고 있다면, 과도한 스트레스 때문에 수면 주기와 모든 면역체계가 무너질 것이다. 스트레스 때문에 인체가 분비하는 호르몬은 중요한 기억을 담당하는 두뇌 세포 간의 연결을 끊어놓는다."

회사에 근무하는 직원의 두뇌 세포 간 연결이 끊어졌다고 생각해보자. 그리고 모든 면역 체계가 무너졌다고 가정해보자. 그 직원이 창의적인 발상으로 뛰어난 성과를 거둔다는 것은 불가능에 가깝다.

유대인들이 가진
창의성의 비밀

세계에서 가장 창의적인 민족이라는 유대인이 '휴식' 때문에 그렇게 됐다는 해석도 존재한다. 유대인의 일요일(안식일)은 매우 철저하게 지켜진다. 이때 의사들은 환자를 돌봐서도 안 될 정도로 엄격하게 쉬어야 한다. 또 6년을 일했으면 무조건 7년째는 1년간을 쉬어야 한다. 이렇게 7년씩 7번을 쉬고 나면 49년이 된다. 그리고 50년째 역시 또 무조건 1년을 쉬어야 한다. 그러니까 인간이 태어나서 50세가 될 때까지 무려 8년이라는 긴 시간을 중간중간 쉰다는 이야기다. 아마도 세계에서 이처럼 휴식을 많이 취하는 민족도 없을 것이다. 그런데 이렇게 제대로 쉬었을 때 바로 여기에서 창의성의 씨앗이 자라게 된다. 계속해서 일에만 골몰하고 있으면 사람의 관심과 시각은 다른 차원으로 이동하지 못하기 때문이다. 창의성이라는 것은 이제까지 현실에서 벗어나 다른 차원으로 이동할 때 가능하다. 거기에서 새로운 특이점과 벤치마킹의 요소를 새롭게 발견해 현실과 결합시킬 때 제3의 것, 즉 창조적인 것이 탄생된다. 휴식은 결국 '만물에 숨겨진 새로운 매력'을 찾는 과정이기도 하다. 쉴 때 눈을 다른 곳으로 돌려 그간 숨겨져 있어 보지 못했던 매력을 느끼게 되고 이것을 다시 현실로 가져와 '창의성'이라는 것으로 변모시킨다.

사실 인간은 태초부터 일과 휴식을 지속적으로 번갈아 반복하며 살아가도록 설계돼 있다. 이러한 균형을 찾아야만 삶의 생기와 기운을 회복할 수 있으며 긍정적인 마음을 가질 수도 있다. 긍정적인 마음은 삶의 기쁨일 뿐만 아니라 몰입하는 직장생활의 기반이 되며 더 깊은 창조성의 근원이 된다.

회사를 '소소한 축제의 장소'로
만들어라. 이렇게 하면
회사는 살아 있는 공동체가 되고
직원들의 만족감은 자연히 높아진다.

**소소한
축제의
장소**

'고객 만족'을 부르짖는 회사가 많다. 고객 만족이라고 하면, 그 중요한 방점이 '고객'에게 찍혀 있다고 여긴다. 말 그대로 '고객'이 '만족'을 하는 것이기 때문이다. 고객 만족 이전에 반드시 충족이 돼야 할 매우 중요한 전제가 있다. 바로 '직원 만족'이다. 부모가 행복하지 않은 상태에서 아이들에게 행복을 줄 수 없듯이, 직원이 먼저 만족감을 가지지 않은 상태에서는 결코 고객이 만족하는 일도 발생하지 않는다.

　직원 만족은 '회사에 대한 자부심'에서 출발한다. 자신이 다니는 회사를 남들이 알아주고, 사람들이 관심을 가져줄 때 직원들은 스스로에 대한 자긍심을 느낀다. 이를 위해서 경영자는 회사를 알리기 위해 많은 노력을 기울여야 한다. 이것은 대중적인 인지도, 또는 회사의 브랜드를 제고하는 일로도 볼 수 있지만, 단순히 회사가 유명해지는 것만을 의미하지 않는다. 직원들의 자부심이 올라가는 의미가 더 크다.

　네패스는 B2B 기업이기에 회사 홍보 및 언론 노출에 별 신경을 쓰지 않았다. 하지만 직원들이 회사에 대한 자부심을 갖기 위해서는 무엇보다 일단 사람들이 우리 회사를 알아야만 한다고 생각했다. 그래서 지금은 외부 단체 모임이나 학회 그리고 언론 인터뷰에도 응한다. 이것은 회사를 알려 유명해지기 위한 것이 아니라, 직원들이 자부심을 갖고, 이를 통해 고객 만족으로 이어지게 하려는 숨은 뜻이 있다.

직원의 만족감에 영향을 미치는 두 번째는 인정 욕구를 채워주는 것이다. 회사의 중요한 일에 자신이 직접 연관돼 있다는 느낌을 가질수록 만족감이 커진다. 다른 회사는 하지 않는 최첨단 기술 개발에 자신이 관여하고 있다거나, 또는 회사에서 나의 중요성을 인정해준다는 그 느낌 역시 직원의 만족감에 영향을 미친다.

소소하지만
매우 큰 즐거움

회사가 떳떳하고 당당하게 일을 하는 것도 중요하다. 고객을 대하는 방식, 그들에게 서비스를 제공하는 태도, 또는 고객의 불만을 해결하는 과정에 대해 직원들 스스로가 '옳은 방법'임을 확신해야 한다. 회사가 시키는 일이 편법이나 부정적인 방식이라면 이는 직원들의 만족감에 현저한 상처를 입힌다.

무엇보다 회사 분위기가 만족스러워야 한다. 마치 맛있는 디저트를 먹을 때처럼 순간적인 즐거움이 항상 있어 매일 아침 들뜬 마음으로 오늘은 어떤 일이 벌어질지 기대하는 마음으로 회사에 나올 수 있다면 그보다 더 좋은 회사는 없을 것이다. 이를 위해서 회사를 '작은 축제의 장소'로 만들려는 노력을 해야 한다. 사실 우리 사회는 여전히 유교적인 성향이 강하기 때문에 자기표현에 다소 미숙하다. 무엇보다 기쁜 일이 있어도 그것을 잘 표현하지 않으려고 한다. 그런 사람이 있다면 많은 경우 '잘난 체한다'라는 식으로 생각한다. 기뻐도 기쁘지 않은 척하고, 슬퍼도 잘 내색하지 않는다. 그러다 보니 회사가 경직되는 것도 한순간이다. 감정적 교류가 단절된 상태에서는 회사가 행복한 일터가 될 수 없다. '감정 없는 로봇들의 생산 현장'이 될 뿐이다. 구성원의 결혼기념일이나 생일뿐만 아니라 '입사 100일'을 축하할 수도 있고, '다이어트 성공'을 축하할 수도 있다. 이런 소소한 일을 서로 나누고 잠시나마 사무실에서 케이크 하나 사놓고 서로 축하하고, 기쁨을 나눌 수 있는 문화를 만드는 것이 중요하다.

편지 쓰고, 노래하고, 공부하는 회사

네패스는 다른 회사에는 없는 독특한 문화들이 있다. 가장 대표적인 것이 감사할 거리를 찾아 편지를 쓰고, 아침마다 함께 모여서 노래를 부르고, 또 소단위 팀을 만들어 책에 대해 토의를 한다. 일하기도 바쁜 회사에서 어떻게 보면 취미 생활을 하는 것 같기도 하고, 또 힐링을 하기 위해 회사에 출근하는 것처럼 보일 수도 있다. 실제 네패스의 이런 사내문화를 알게 된 한 일본 거래처의 사장은 이 말을 듣자마자 그것에 소비되는 시간을 생산량으로 환산한 뒤 "그런 활동들이 정말로 매출로 이어지는가?"라고 반문할 정도다. 어떤 이들에게는 도저히 이해할 수 없는 것이 또한 네패스의 문화이기도 하다. 그러나 이것은 우리가 시간이 많고 돈도 많아서 하는 것이 아니다. 오히려 이것은 지속성장을 위한 혁신과 창조의 비밀이다.

매일 아침 직원들이 모여서 하는 '음악교실'은 일하기 전에 몸과 마음을 새롭게 하는 계기가 된다. 함께 모여 책에 대해 토론을 하는 'i훈련'은 하나의 그룹에 10명 정도가 가입돼 있다. 한 권의 책을 정해서 각자 챕터별로 집에서 읽고 와서 중요한 키워드를 찾아내고 그것을 업무에 어떻게 적용할지를 토론한다. 그러다 보니 최소한 네패스의 직원들은 1년에 12권의 책을 읽게 된다. 이러한 독서 토론의 목적은 직원들의 지식을 늘리는 이유도 있지만 또 다른 효과가 숨어 있다. 그것은 바로 '협업과 의사소통'에 관한 것이다. 일반적으로 직원들은 자신이 가진 지식과 정보를 잘 공유하지 않으려는 경향이 있다. 직원들이 서로를 경쟁 관계로 인식하면서 이러한 공유는 오히려 자신의 경쟁력을 갉아먹는 일이라고 생각하기 때문이다. 하지만 이렇게 끊임없이 지식을 공유하고 확산시키는 과정은 자연스럽게 직원들에게 '공유의 힘'을 알게 해준다. 실제 이러한 독서 토론의 결과물들은 다양한 세미나의 형태로 발표가 된다. 어떤 직원이든지 자신이 부족한 부분이 있다고 생각되면 특정 세미나에 참여해 자신의 지식을 보완할 수가 있다. 이는 시너지 효과를 만들어 회사의 집단지성을 더욱 강화하는 흐름을 만들어낼 수 있다. 더불어 책은 회사뿐만 아니라 집에서도 읽어야 한다. 그것도 토론을 해야 할 정도니까 매우 꼼꼼하게 읽어야 한다. 그러니 직원이 집에서 책을 읽다 보면 집안의 분위기가 자연스럽게 공부하는 분위기가 된다. 아빠가 공부하는 모습을 보면서 아이들도 지적인 호기심을 느끼게 되는 것은 매우 자연스러운 일이다.

'감사편지 쓰기'는 별도로 만들어진 앱을 통해서 매일 직원들이 쓰게 된다. 자신의 일상에서 감사했던 일, 그리고 동료에게 감사했던 일을 쓰면 해당 직원에게 전달된다. 이러한 감사편지 쓰기는 직원들 간의 관계성을 높여준다. 누군가가 나에게 감사하고 있다는 사실에 직원들은 더욱 타인들에게 잘 해주겠다는 의지를 다지게 된다. 서로가 서로에게 감사하니 직원들 간 친밀감이 형성돼 서로의 마음을 열게 되고 이에 협력적이며 호의적이다. 또한 이는 '관찰의 힘'을 길러주기도 한다. 상대방에게 뭔가를 감사하려면 관찰하지 않으면 안 된다. 그가 무엇을 하는지, 나에게 어떻게 해줬는지를 관찰하는데 이는 곧 창의성의 원천이 되기도 한다.

회사에서 편지 쓰고, 노래하고, 공부하는 것은 회사 분위기를 늘 즐겁고 행복하게 만든다. 물론 이것은 직원들을 매우 행복하게 만들어주는 것이기에 만족감에도 큰 영향을 미친다. 또 이런 작은 축제들은 업무를 하면서 겪는 스트레스를 그때그때 풀어주며 이를 통해 매일의 업무 경쟁력을 더 높일 수 있는 장점도 있다. '고객 만족'을 최우선으로 생각하지만, 그것은 '직원 만족'에서부터 시작된다는 점을 잊어서는 안 된다.

직원 한 명을 교육시키는 데는
시간과 비용이 들어간다.
직원이 퇴사하면
경영의 손실로 이어진다.
결국 기업의 성패를
좌우하는 것은 **사람**이다.

감사한
마음이

이직률을
낮춘다

경영자가 매우 중요하게 관심을 둬야 할 지표 가운데 하나는 바로 이직률이다. 이는 지금 현재의 일터가 어느 수준인지 알려주는 민감한 바로미터이기도 하다. 사람은 극도의 스트레스를 받으면 본능적으로 그 대상을 회피하게 된다. 회사에서는 '퇴직'이 바로 그것이다. 하지만 일을 하는 직원이 퇴사하면 이는 곧 기업 경영에 직격탄이 된다. 직원 한 명을 교육시키는 데에 적지 않은 시간과 비용이 들어간다는 점에서 이직은 곧 경영의 손실로 이어진다. 실제 외국에서 이직률이 20퍼센트인 한 기업을 분석해봤더니 이직률이 1퍼센트 감소할 때마다 회사의 수익은 8만 달러(한화 약 1억 원)가 늘어났다. 직원이 퇴사하면 이익도 사라진다는 의미다.

이는 외국의 경우에만 적용되지 않는다. 실제 네패스의 이직률 분석과 수익의 증가를 분석해봐도 거의 일치되는 결과가 나왔다. 또한 직원이 자주 바뀌면 고객 및 고객사에게도 부정적인 영향을 미친다. 업무가 원활하게 돌아가지 않는 것은 물론이고 '이 회사는 뭔가 문제가 있나?'라는 인식을 불러일으켜 장기적으로 회사에 불이익을 준다.

이직률을 낮추고 협업력을 높이는 좋은 방법 중 하나는 바로 직원들이 서로를 고마운 존재로 느끼고 이에 감사함을 느낄 수 있는 계기를 만들어주는 것이다.

사실 그간 네패스의 디스플레이 부서는 사업제품 구조조정 중에 있어 몇 년간 적자 상태여서 이직률이 상당히 높은 편에 속했다. 한 달에 한 명은 꼭 퇴사를 할 정도였으니 이 정도 수준이면 당시 디스플레이 부서는 '훌륭하지 않은 일터'였던 것이 확실하다. 새로운 직원이 들어와도 '언제 나갈지 모르는 사람'이라는 생각에 팀워크가 약해지고 협업도 제대로 이뤄지지 않았다. 특히 디스플레이 부서에 있는 개발 부서와 제조 부서 사이에는 협력 관계가 무너져 있었다. 개발 부서에서 제조 부서에 샘플을 요청해도 무시당하기 일쑤였고 예정된 회의조차 제대로 열리지 못하는 경우까지 있었다. 반면 제조 부서에서는 '생산량 맞추기도 힘든데 툭하면 기계를 멈추고 샘플을 만들어달라고 하는 것이 말이 되냐'라고 응수하곤 했다. 이런 상태가 더 이상 지속돼서는 안 되겠다는 판단이 들었다. 사업부장의 해법은 하나였다. 서로가 서로에게 고마운 존재, 서로에게 감사할 수밖에 없는 존재로 인식하게 하는 것이다. 일반적으로 자신에게 고마운 존재에게는 누구나 성심껏 배려하게 마련이다. 그러면 알력과 다툼이 없어지고 화해와 협력의 기운이 돌게 된다. 일보다 인간관계가 힘든 것이 회사생활인 만큼 관계가 편안해지면 스트레스 없는 훌륭한 일터가 될 수 있다.

이직률 0퍼센트의
비결

우선 개발 부서의 직원들을 현장으로 보내 제조 부서의 직원들이 얼마나 바쁘고 힘들게 일하는지를 직접 눈으로 보고 이해하게 했다. 자신들이 요구하는 샘플 제작도 결코 시간상 만만한 것이 아니라는 것, 그래서 무작정 해달라고 해서 해줄 수 있는 일도 아니라는 점을 이해시켰다. 그러자 제조 부서 직원들은 꾸준히 현장을 찾아와 자신들을 이해하려는 개발 부서 사람들에게 고마움을 느끼기 시작했다. 뭔가 특별한 것을 해줘서 고마운 것이 아니라, 그저 자신들을 이해하려는 자세 그 자체가 고마웠던 것이다. 이와 동시에 꾸준히 서로에게 감사 메시지를 보내게 했다. 그 결과 상대방을 이해하는 폭이 넓어지고 배려심이 깊어지는 결과를 가져왔다. 마음 깊숙이 존재하는 감사의 마음을 움직여 '본질적인 차원에서의 해법'을 추구한 것이다. 이렇게 하자 상황은 완전히 달라졌다. 몇 개월 만에 디스플레이 사업부의 한 부서 이직률은 0퍼센트가 됐다. 한 달에 한 명이 수시로 회사를 그만두는 문제가 완전히 해결됐다.

경영자의 목표는 '일터'를 만드는 것에 멈춰서는 안 된다. '훌륭한 일터'는 그것 자체로 지속가능한 경영을 하게 만드는 아주 중요한 요인이다. 돈은 감정과 인격이 없기에 능동적인 관리만 있으면 잘 유지될 수 있다. 그러나 사람은 '관리'를 통해 좌우되는 대상이나 객체가 아니다. 그 스스로 자율성과 생각과 판단, 그리고 의지가 있기에 그들 스스로 일터를 사랑할 수 있도록 해야 한다. 경영은 사람에 대한 일이다. 비록 제품을 만들고 그것으로 수익을 창출한다고 해도 결국 모든 초점은 사람 사이의 일이다. 경영의 핵심은 바로 여기에 있다. 사람과 사람의 관계를 최선으로 만드는 것. 바로 여기에 '훌륭한 일터의 조건'과 협업의 비밀과 성과 창출의 비결이 숨어 있다.

**열심히
일해도
성과가 없는
이유**

　직원들이 열심히 일하는 것 같은데, 제대로 된 성과가 나오지 않을 때가 있다. 일하는 사람도 답답하겠지만 경영자도 속이 탄다. 일을 해도 성과가 잘 나오지 않는 이유에는 여러 가지가 있다. 첫 번째는 능력 부족이다. 말 그대로 직원의 능력 자체가 부족해서 일이 제대로 진행되지 않는 경우다. 프로세스도 비합리적이고 마무리도 흐지부지하고 협업도 잘되지 않는 상태다. 두 번째는 환경과의 불일치다. 직원 스스로는 능력이 있다고 하지만 업무 환경에서 적성이 다르거나 직원의 눈높이에 맞지 않을 때다. 하지만 이러한 2가지 경우는 그 해결 방법이 그다지 복잡하지 않다. 능력이 부족하면 선배를 멘토로 붙여 일하는 방법을 알려주거나 또는 외부 교육을 시키면 해결된다. 환경의 불일치라면 해당 직원의 말을 경청하고 문제를 해결해주면 된다. 물론 회사가 모든 환경상의 문제를 해결해줄 수는 없겠지만, 이는 서로 어

느 정도 양보와 도움을 주고받으며 해결할 수 있다.

문제는 세 번째다. 목표는 있지만 목적의식이 결여되면 일은 힘차게 진행되지 못하고 결국 성과도 없는 경우가 발생한다. 목표란 자신이 이루고자 하는 특정한 수준, 특정한 상태를 의미한다. '하루에 30분은 운동을 하자'라는 것은 개인의 목표이고, '올해 매출액을 100억 달성하자'라는 것은 회사의 목표다. 그런데 이러한 목표를 세우는 것만으로는 부족하다. 기계적으로 설정된 목표이기 때문에 혼신의 힘을 다해서 그것을 이루려는 마음의 힘이 생기지 않기 때문이다. 이러한 목표와 함께 필요한 것이 바로 '목적의식'이다. 여기에는 '자신의 행위에 대한 뚜렷한 자각'이 필요하다. 그러니까 '왜 내가 그것을 하지 않으면 안 되는가', '그 목표가 나 개인에게는 어떤 의미를 가지고 있는가'를 확실히 이해하고 받아들이는 것이다.

**생동감 있게
목표를 추진해가는 방법**

만약 직원들에게 목표만 있고 목적의식이 존재하지 않는다면 성과를 향한 강한 집념이 생기지 않는다. 그저 경영자가 '이번 년도 우리 회사의 목표는 이 정도다'를 설명하는 것이고 직원들은 그저 고개를 끄덕이며 '아, 그렇구나'라고 생각하는 것에 불과하다. 이런 상태에서 직원들에게 강한 열정을 기대하는 것은 무리다.

그래서 필요한 것이 바로 '목표에 목적의식의 인입引入'이라는 해법이다. 인입은 '안으로 끌어들인다'라는 의미다. 서로 분리돼 있는 것을 가져와 하나로 어우러지게 만들고, 균형적으로 조화되게 만드는 것이다. 따라서 '목표에 목적의식을 인입한다'라는 것은 기존에 세운 목표라는 것에 목적의식을 끌어와 하나로 만드는 것을 말한다. 따라서 특정한 목표를 설정하고, 그것을 왜 해야 하는지, 그것이 나에게 어떤 의미인지를 깨닫게 하고 확실하게 달려 나가는 상태다.

사실 이러한 목표에 목적의식을 인입하는 것은 회사에서의 문제만이 아니라 인생에서 달성하고자 하는 거의 모든 성과에 적용된다. 예를 들어 고3 학생들의 경우에는 분명한 목표가 있다. '좋은 대학을 가자'라는 것이다. 하지만 그들에게 목표는 있어도 목적의식이 결여돼 있는 경우가 상당히 많다. "그런데 왜 좋은 대학이 목표야?"라고 물어보면 그들은 "엄마 아빠가 그러라니까", "학교 선생님이 시키니까", "그게 학생의 본분이니까"라는 이유를 들이댄다. 스스로 각성하는 것도 없고, 대학에 대한 분명한 목적의식이 없다. 이런 상태에서는 공부에 불이 붙기도 쉽지 않고 설사 성적이 좋아서 원하는 대학에 들어간다 한들, 그 뒤에는 또 어떻게 살아가야 할지 방황하는 경우가 매우 많다.

결과적으로 경영자나 전략 부서의 팀원들이 아무리 화려한 미래를 그리고 직원들에게 목표를 설정해준다고 해도 그것을 받아들이는 직원 개개인의 목적의식을 건드리지 못하면, 그 목표는 생동감 있게 추진되지 못한다.

**목표에
목적의식을 인입하라**

네패스에서는 목표와 목적의식의 인입을 위해 두 번의 워크숍을 진행한다. 한 해의 사업계획과 매출 목표가 나오면 그 계획의 목표를 설명하고 제안하는 1차 워크숍을 한다. 이렇게 해서 구성원들이 회사의 목표를 잘 이해했으면 그다음은 목적의식을 위한 2차 워크숍이 진행된다. 여기서는 회사의 목표가 각 개인들에게는 어떤 의미가 있으며, 왜 우리가 그것을 달성해야 하는지, 그 목표가 회사의 성장 단계에서 어떤 의미가 있는지를 배우고 학습한다. 이렇게 하면 직원들은 목표를 이해하는 것은 물론, 목적의식까지 가지게 됨으로써 보다 단단한 마음 자세와 열정 넘치는 태도를 갖추게 된다.

EPILOGUE

신나게 일하며 위기를 돌파하는 4차원 경영.

지난 2010년 5월, 일본항공JAL의 임직원들은 한 달 동안 진행될 월간 교육 프로그램을 손에 들고 경악을 금치 못했다. 한 달 30일 동안 무려 17회나 진행되는 리더십 교육 프로그램에 참석해야 했기 때문이다. 당시 일본항공은 법정관리 상태였기 때문에 그렇게 한가하게 리더십 교육 프로그램이나 받을 때가 아니었다. 더구나 그 교육 프로그램의 내용은 의구심을 자아냈다. 당장 구조조정을 하고 매출을 올려야 하는 판국에 대부분 '사업을 하는 의미', '배려하는 마음', '용기와 투혼' 같은 내용이었기 때문이다. 누가 봐도 급박한 상황에 처한 회사 직원들이 받아야 할 교육으로 보이지 않았다.

　하지만 이는 이나모리 가즈오 교세라 명예회장이 망해가던 일본항공에 투입된 후 직접 지시한 교육 프로그램이었다. 도대체 그는 무슨 생각으로 법정관리 처지의 직원들에게 '돈 버는 교육'을 시키지는 않고 '돈도 안 되는 교육'을 시켰던 것일까?

　그는 당장 일을 하는 것보다 더 중요한 것이 있다고 확신했다. 그것은 바로 돈을 버는 일에 앞서 직원들의 생각과 마음을 하나로 모으는 것이었다. 집중적인 교육을 통해 직원들이 생각, 가치관, 마음을 동일하게 가지면 반드시 위기를 뚫고 헤쳐 나갈 수 있을 것이라 판단했다. 그의 판단은 성공적인 결과를 이끌어냈다. 이후 일본항공은 단기간에

기적적으로 법정관리에서 탈출할 수 있었고 이나모리 가즈오는 또 한 번 자신의 입지를 단단히 굳힐 수 있었다.

많은 경영자들이 경영을 '돈 버는 일'이라고 생각한다. 그래서 차별화된 제품을 만들고, 직원에게 일을 시키며, 시장을 개척하면 된다고 여긴다. 그러나 그것은 본래적인 경영이 하는 일의 20~30퍼센트에 불과하다. 지속성장하는 기업, 변화에 강한 기업은 '돈 버는 일'보다 '돈 안 되는 일'에 더욱 신경을 쓴다. 그것은 바로 처음으로 돌아가 경영의 틀을 다시 잡고, 직원들의 가치관을 통일시키고, 그들의 마음을 하나로 만드는 일이다. 이것이 전제되지 않은 상태에서의 경영은 모래성에 불과하다. 이나모리 가즈오가 그토록 많은 교육을 하면서 처음부터 다시 시작한 것은 바로 이런 이유 때문이기도 하다. 그는 눈에 보이는 표면적인 구조조정과 서비스 개선보다는 아래로 내려가 처음부터 다시 시작하는 근원적인 혁신을 선택했던 것이다. 그리고 그 '돈 안 되는 일'은 결국 더 많은 돈을 벌어들이는 원동력이 됐다.

4차원 경영은 그간의 경영에서 중요시되지 않았던 '생각-말-일'을 본격적으로 활용하는 것이다. 그 중심에는 사람이 있다. 경영 환경이 아무리 어렵다고 한들 직원들이 올바르게 생각하고, 서로를 배려하는 말을 하고, 정확한 방법으로 일을 해나가면 불가능은 존재하지 않는다. 직원들은 시키지 않아도 스스로 일을 하고, 지시하지 않아도 창의적으로 변하기 시작한다. 그들에게 회사는 행복한 삶의 터전이 되고, 스스로 비전과 목표를 세우면 무섭게 일에 매진하기 시작한다. 더불어 이는 곧 장수기업의 조건이며, 변화의 파도에도 쓰러지지 않는 견고한 기업이 되는 지름길이다. 경영자의 입장에서 보면 이는 한 기업이 도달할 수 있는 최상위 상태일 것이다.

하지만 이러한 과정이 그렇게 생각보다 쉬운 일은 아니다. 회식 자리에서 '파이팅'을 외친다고 되는 일도 아니고, 아침 조회 시간에 사장이 훈시를 내린다고 해서 되는 일도 아니다. 이는 다양한 차원에서 진행되고, 집요하게 시스템화해야 한다. 그것이 직원이 생활하는 일상의 모든 면으로 파고들어갈 수 있도록 해야 한다.

이제 우리에게는 더 치열한 경영 환경이 다가오고 있다. 4차 산업혁명이라는 기술적 변화는 물론이고, 소비자와 시장의 변화가 도사리고 있다. 언제 어디서 글로벌 위기의 조짐이 터져 나올지도 모른다. 안타깝게도 우리는 이 모든 것을 예측할 수 없고, 대응하기도 힘들다. 하지만 4차원 경영을 한다면, 직원들이 행복하고 신나게 일하는 기업이라면 그 어떤 위기도 이겨 나갈 수 있다. 위기를 이기는 궁극적인 힘은 결국 외부에 있는 것이 아니라 기업 내부에 있다는 것은 너무도 자명한 사실이기 때문이다.

이 책의 모든 독자분들께 하나님의 보호하심과 도우심과 인도하심이 임하여 아름답고 풍요로운 삶의 주인공이 되는 통찰력을 얻는 길잡이가 되기를 기도한다.

참고문헌

1 한호택, "경영 성과를 올리고 싶은가? 가치관 경영으로 시작하라",
〈비즈니스라운지〉, 2015년 2월호.

2 잡플래닛 공동 조사, 〈경향비즈〉, 2016년 8월.

3 정동일, "배려의 마음이 主가 된 타타의 '나노' 처럼 착한 목적 실천이 정답이다",
〈동아비즈니스리뷰〉, 169호, 2015년 1월 Issue2.

4 이웅희, "실행 가이드라인 '전략적 원칙', 기업미래 가른다", 〈서울경제〉, 2016년 9월 27일.

5 권영설, "인간적인 너무나 인간적인", 〈한국경제신문〉, 2018년 4월 6일.

6 테레사 M. 아마빌, 묵티 카이레, "창의성 높이는 리더가 되는 법",
〈동아비즈니스리뷰〉 19호, 2008년 10월 Issue2.

7 김상연, "인터뷰, 임지순 교수 - '창의성에 골방은 없다. 대화하라'",
〈동아사이언스〉, 2011년 6월.

8 　최현아, 김태영, "사내 커뮤니케이션 : 성과를 키우는 비밀무기",
　 〈동아비즈니스리뷰〉 61호, 2010년 7월 Issue2.

9 　윤석화, "상사의 비인격적 대우가 모두를 망친다", 〈조선일보〉, 2013년 10월 7일.

10 　최명화, 김현주, "'외로운 건 싫지만 혼자이고 싶어요' 밀레니얼세대, 얼마나 알고 있나",
　 〈동아비즈니스리뷰〉 229호, 2017년 7월 Issue2.

11 　프레드 루당스 외 지음, 김강훈 외 옮김, 《긍정심리자본》, 럭스미디어, 2012.

12 　니르말야 쿠마르 외 지음, 장희재 옮김, 《인도의 경영 철학자들》, 한빛비즈, 2015.

13 　노먼 빈센트 필 지음, 정경옥 옮김, 《열정이 차이를 만든다》, 21세기북스, 2007.

14 　이완, "위기의식 강요하는 게 위기다", 〈한겨레21〉, 2015년 6월 30일.

4차원 경영
석세스 애티튜드

제1판 1쇄 | 2018년 7월 23일
　　　　5쇄 | 2021년 12월 3일

지은이 | 이병구
펴낸이 | 유근석
펴낸곳 | 한국경제신문*i*
기획 | 이진아컨텐츠컬렉션
제작 | (주)두드림미디어

주소 | 서울특별시 중구 청파로 463
기획출판팀 | 02-333-3577
E-mail | dodreamedia@naver.com
등록 | 제 2-315(1967. 5. 15)

ISBN 978-89-475-4376-7 (03320)

**책 내용에 관한 궁금증은 표지 앞날개에 있는 저자의 이메일이나
저자의 각종 SNS 연락처로 문의해주시길 바랍니다.**